KURZE EINFÜHRUNGEN
IN DIE GERMANISTISCHE LINGUISTIK

Band 16

Herausgegeben von
Jörg Meibauer
und
Markus Steinbach

JÖRG PETERS

Intonation

Zweite, aktualisierte Auflage

Universitätsverlag
WINTER
Heidelberg

Bibliografische Information der Deutschen Nationalbibliothek
Die Deutsche Nationalbibliothek verzeichnet diese Publikation
in der Deutschen Nationalbibliografie;
detaillierte bibliografische Daten sind im Internet
über *http://dnb.d-nb.de* abrufbar.

ISBN 978-3-8253-4826-7
2. Auflage 2021

Dieses Werk einschließlich aller seiner Teile ist urheberrechtlich geschützt.
Jede Verwertung außerhalb der engen Grenzen des Urheberrechtsgesetzes
ist ohne Zustimmung des Verlages unzulässig und strafbar. Das gilt insbesondere für Vervielfältigungen, Übersetzungen, Mikroverfilmungen
und die Einspeicherung und Verarbeitung in elektronischen Systemen.

© 2014, 2021 Universitätsverlag Winter GmbH Heidelberg
Imprimé en Allemagne · Printed in Germany
Druck: Memminger MedienCentrum, 87700 Memmingen

Gedruckt auf umweltfreundlichem, chlorfrei gebleichtem
und alterungsbeständigem Papier.

Den Verlag erreichen Sie im Internet unter:
www.winter-verlag.de

www.kegli-online.de

Vorwort

Seit den 1970er Jahren hat die Intonationsforschung einen enormen Aufschwung erlebt. Heute gehört sie zu den produktivsten Teildisziplinen der Phonetik und Phonologie. Diese Erfolgsgeschichte hat sie vor allem der Entwicklung der Autosegmental-Metrischen Phonologie zu verdanken, die sich als flexibel genug erwiesen hat, um die tonale Struktur sowohl von Intonationssprachen wie dem Deutschen, Englischen oder Russischen als auch von Tonsprachen wie dem Mandarin-Chinesischen oder dem Hausa in West-Zentral-Afrika zu beschreiben. Zugleich sind in dieser Zeit die experimentellen Verfahren zur Erforschung der Intonation wesentlich weiterentwickelt worden, was zu einer stärker interdisziplinären Ausrichtung der Intonationsforschung geführt hat, unter Beteiligung naturwissenschaftlich ausgerichteter Teildisziplinen wie der Akustischen Phonetik, der Artikulatorischen Phonetik und der Neurolinguistik.

Aufgrund ihrer theoretischen und methodischen Fortschritte ist die Intonationsforschung allerdings mehr und mehr zu einem Feld für Spezialisten geworden. Aktuelle Forschungsbeiträge zur Intonation sind für Forscher/innen im Bereich der Grammatik, der Pragmatik und anderer Nachbardisziplinen nicht mehr ohne Weiteres verständlich. Ferner kommen die neueren theoretischen Entwicklungen der Intonationsforschung in Einführungsbüchern zur Linguistik kaum zur Sprache. Da im Bereich der Intonationsforschung auch in den deutschsprachigen Ländern überwiegend auf Englisch publiziert wird, stehen für viele englische Fachausdrücke nicht einmal gängige deutschsprachige Termini zur Verfügung. Als Folge hiervon ist es für Fachfremde schwer, sich selbständig in die Intonationsforschung einzuarbeiten und Ergebnisse der modernen Intonationsforschung in eigene Lehrveranstaltungen einzubringen.

Das vorliegende Lehrbuch will diese Lücke schließen. Es will die erforderlichen Kenntnisse vermitteln, um die aktuelle Fachliteratur angemessen rezipieren zu können. Darüber hinaus will es eine exemplarische Beschreibung der Intonation des Deutschen unter Berücksichtigung abstrakter intonatorischer Bedeutungen vorlegen.

Das Buch richtet sich an vier Adressatengruppen: (1) an Studierende der Germanistischen und der Allgemeinen Sprachwissenschaft im Bachelor- und Masterstudium, die ein Lehrbuch zur Intonation auf Anfängerniveau benötigen; (2) an Lehrende an Universitäten und anderen Bildungseinrichtungen, die sich mittels Selbststudium in die Lage versetzen wollen, Lehrveranstaltungen zur Intonationsforschung zu konzipieren oder Fragen zur Intonation in Lehrveranstaltungen zu thematisieren; (3) an fortgeschrittene Studierende, Doktoranden/innen und Forscher/innen anderer Fachgebiete, die Aspekte der Intonation im Rahmen von Abschlussarbeiten oder in Forschungsprojekten berücksichtigen wollen und eine erste Orientierung benötigen; und (4) an Sprachlehrer/innen im Bereich DaF/DaZ, die Unterschiede der Intonation der Ziel- und Ausgangssprache oder der Erst- und Zweitsprache im Unterricht thematisieren und eigenes Unterrichtsmaterial erstellen wollen.

Für die Lektüre werden keine spezifischen Kenntnisse im Bereich der Phonetik und Phonologie vorausgesetzt. Vorkenntnisse im Bereich der Informationsstruktur sind für das Verständnis von Kap. 7 hilfreich (zur Einführung s. Meibauer 2008 und Musan 2010).

Alle relevanten Beispiele wurden vertont. Ferner beruht ein Teil der Übungen auf der Analyse von Tonbeispielen. Die entsprechenden Tondateien sind abrufbar unter

www.intonation.uni-oldenburg.de/kegli/start.html

Ich danke Maria Alm, Kristian Berg, Franziska Buchmann, Nanna Fuhrhop, Frank Kügler, Jan Michalsky, Oliver Niebuhr, Karsten Schmidt, Heike Schoormann, Niklas Schreiber und dem Herausgeber Markus Steinbach für wertvolle Kommentare. Jan Michalsky danke ich außerdem für die Einrichtung der Webseite.

Hinweise zur 2. Auflage

Ich freue mich, dass die anhaltende Nachfrage eine 2. Auflage erforderlich gemacht hat. Diese Neuauflage umfasst Korrekturen, Präzisierungen und ergänzende Literaturangaben. Für wertvolle inhaltliche Hinweise zur 1. Auflage danke ich Frank Kügler und den Studierenden meiner Intonationsseminare. Kendra I. Peters danke ich für die Durchsicht des Manuskripts.

Inhaltsverzeichnis

1 Einführung 1
1.1 Was ist Intonation? 1
1.2 Phrasierung, Akzentzuweisung und Konturwahl 4
1.3 Wovon handelt dieses Buch? 8

2 Phonetische Grundlagen 11
2.1 Phonation 11
2.2 Akustische Korrelate der Tonhöhe 13
2.3 Wahrnehmung der Tonhöhe 14

3 Traditionelle Intonationsanalyse 18
3.1 Hintergrund 18
3.2 Aufbau und Notation von Intonationskonturen 18
3.3 Nukleare und pränukleare Konturen 20

4 Autosegmental-metrische Intonationsanalyse 25
4.1 Tonsequenzmodell 25
4.2 Phrasierung und tonale Struktur 28
4.3 Exkurs: Autosegmental-metrische Beschreibungsmodelle 31

5 Phonetische Realisierung von Intonationskonturen 36
5.1 Variation im Frequenzbereich 37
5.2 Variation im Zeitbereich 41
5.3 Weitere Quellen phonetischer Variation 42

6 Intonation des Deutschen. Teil I: Konturen 45
6.1 Tonales Inventar 45
6.2 Nukleare Konturen und Akzentmodifikationen 46
6.3 Pränukleare Konturen 49

7 Intonation des Deutschen. Teil II: Semantische Analyse ... 52
7.1 Grundlagen 52
7.2 Verwendung nuklearer und pränuklearer Konturen 55
7.3 Semantisches Merkmalsmodell 69

8	Intonation des Deutschen. Teil III: Phrasierung	73
8.1	Intonationsphrasen	73
8.2	Äußerungsphrasen	76
8.3	Prosodischer Paragraph	79
9	Intonation und linguistische Nachbargebiete	82
9.1	Intonation und Syntax	82
9.2	Intonation und Gesprächsanalyse	85
9.3	Intonatorische Variation und Dialektologie	86

Literatur 93

Glossar 98

Sachregister 99

1 Einführung

1.1 Was ist Intonation?

Sprechen umfasst mehr als die Äußerung von Wörtern oder Sätzen. Sprachliche Äußerungen weisen immer auch einen Tonhöhenverlauf auf, eine Sprechmelodie. Die melodische Gestaltung sprachlicher Äußerungen wird als **Intonation** bezeichnet.
Intonation ist auffallend variabel. Zum einen ist der Tonhöhenverlauf einer Äußerung nicht an ihren Wortlaut gebunden. So wird in (1) der gleiche Satz mit zwei unterschiedlichen Tonhöhenverläufen geäußert. In (1a) weist die Satzakzentsilbe (die durch Unterstreichung hervorgehoben ist) einen Tonhöhengipfel auf. Danach bleibt die Tonhöhe tief. Der Tonhöhenverlauf in (1b) weist am Ende eine zusätzliche Anstiegsbewegung auf.

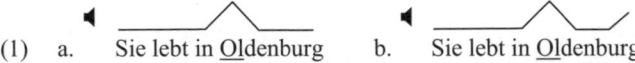

(1) a. Sie lebt in Oldenburg   b.   Sie lebt in Oldenburg

Zum anderen können wir Äußerungen, die einen unterschiedlichen Wortlaut haben, mit dem gleichen Tonhöhenverlauf wahrnehmen:

(2) a. Sie lebt in Oldenburg   b.   Sie lebt in Osnabrück

Aber inwiefern sind die beiden Tonhöhenverläufe in (2) eigentlich ‚gleich'? Gleich sind sie nur unter Bezug auf abstrakte Formmerkmale: Beide Tonhöhenverläufe beginnen tief, weisen auf der Satzakzentsilbe einen Tonhöhengipfel auf und enden mit einer Fallbewegung, die auf der Akzentsilbe beginnt. Dass die Tonhöhe in (2b) am Ende kein tiefes Plateau ausbildet wie in (2a), liegt daran, dass hierfür nach dem Satzakzent nicht genügend Silben zur Verfügung stehen. Ähnliche Verhältnisse liegen in (3) vor.

(3) a. Sie lebt in Oldenburg   b.   Sie lebt in Osnabrück

Beide Tonhöhenverläufe weisen mit Beginn der Satzakzentsilbe eine steigend-fallend-steigende Bewegung auf. Dass der Tonhöhenverlauf in (3b) nach dem Tonhöhengipfel kein tiefes Plateau ausbildet wie in (3a), lässt sich wiederum darauf zurückführen, dass hierfür nicht genügend Silben zur Verfügung stehen. Die beiden Tonhöhenverläufe in (3) stimmen phonetisch nicht überein, sie gleichen einander aber hinsichtlich abstrakter Formmerkmale wie ‚steigend-fallend auf der Akzentsilbe' und ‚steigend am Äußerungsende'. Intonation ist variabel, aber sie variiert nicht beliebig. Das zeigt sich daran, dass die beiden Äußerungen in (1) nicht in allen Kontexten gleich akzeptabel wirken. Nach einer Äußerung wie in (1a) könnte das Gespräch enden, nach einer Äußerung wie in (1b) ist das nicht zu erwarten. Die zweite Äußerung wirkt ergänzungsbedürftig. Sie könnte als Frage fungieren, auf die eine Antwort erwartbar ist, oder als erster Teil einer Äußerung, die anschließend vervollständigt wird, z. B. durch den Zusatz *und das schon seit zwanzig Jahren*.

Die Wahl unterschiedlicher Tonhöhenverläufe kann die Verwendung einer Äußerung somit in unterschiedlicher Weise einschränken. Daran zeigt sich, dass die intonatorische Gestalt einer Äußerung kommunikativ relevant ist. Aber nicht jede Variation eines Tonhöhenverlaufs ist kommunikativ relevant. In (2) und (3) weist jeweils die zweite Äußerung einen anderen Tonhöhenverlauf auf als die erste, nämlich eine weniger tiefe Fallbewegung auf oder nach der Akzentsilbe. Da diese Variation aufgrund der Satzgestalt vorhersagbar ist, vermittelt sie keine zusätzliche kommunikativ relevante Information. Umgekehrt sind in der Regel gerade diejenigen Tonhöheneigenschaften kommunikativ relevant, die bei variabler Satzgestalt konstant bleiben. Im Falle von (2) weisen beide Äußerungen am Ende eine Fallbewegung auf, in (3) eine fallend-steigende Bewegung.

In der Intonationsforschung spricht man nicht nur von individuellen *Tonhöhenverläufen*, sondern auch von *Intonationskonturen*. Eine **Intonationskontur** umfasst alle Tonhöhenverläufe, die in einer gegebenen Sprache gleiche sprachliche Funktionen erfüllen. Da solche Tonhöhenverläufe gemeinsame abstrakte Formmerkmale aufweisen, lassen sich Intonationskonturen mittels dieser Formmerkmale definieren. Die beiden Äußerungen in (2) z. B. tragen die sog. *Fallende Kontur* des Deutschen und die Äußerungen in (3) die sog. *Fallend-Steigende Kontur* (vgl. Kap. 6.2). Diese beiden Konturen werden durch Tonhöhenverläufe realisiert, die auf der letzten Akzentsilbe fallen und am Ende tief bleiben bzw. wieder ansteigen. Dass diese Konturen traditionell als fallend bzw. fallend-steigend und nicht als steigend-fallend bzw. steigend-fallend-steigend bezeichnet werden, liegt daran, dass für die Klassifikation der Konturen die Tonhöhenbewegung, die von der Akzentsilbe wegführt, für bedeutsamer gehalten wird als die Tonhöhenbewegung, die zu ihr hinführt.

Intonationskonturen lassen sich als Folgen von Tönen repräsentieren, die durch lokale Tonhöhenbewegungen oder Tonhöhenstufen realisiert werden. Einzelne Sprachen können sich darin unterscheiden, welche Intonationskonturen verwendet werden, wie diese Konturen phonetisch realisiert werden, und welche kommunikativen Funktionen diese Konturen erfüllen.

Die Töne, aus denen Intonationskonturen bestehen, heißen **intonatorische Töne**. In autosegmental-metrischen Ansätzen bilden sie die kleinsten diskreten Einheiten, die die sprachlich relevanten Eigenschaften einer Intonationskontur festlegen und einen Effekt auf die Äußerungsbedeutung haben (vgl. Kap. 4). Viele Sprachen haben ausschließlich oder zusätzlich Töne, die zur Differenzierung zwischen lexikalischen oder grammatischen Bedeutungen beitragen und an einzelne Wörter oder Morpheme gebunden sind. Sie heißen **lexikalische Töne**. Im Mandarin-Chinesischen z. B. werden nach traditioneller Darstellung fünf Tonhöhenstufen unterschieden, die beginnend mit dem tiefsten Niveau mit den Zahlen 1 bis 5 bezeichnet werden. Durch unterschiedliche Kombinationen dieser Tonhöhenstufen lassen sich verschiedene lexikalische Töne kennzeichnen. So bezeichnet 55 einen Hochton, 53 einen Fall, 35 einen Anstieg und 21(4) einen Fall von einem tieferen Niveau, auf den am Ende einer Äußerung ein Anstieg folgt. Es gibt Wörter, die sich nur aufgrund dieser Töne unterscheiden, z. B. jiao55 ‚lehren‘, jiao53 ‚rufen‘, jiao35 ‚kauen‘, und jiao21(4) ‚mischen‘ (Yip 2002: 180f.)

Sprachen, die lediglich intonatorische Töne aufweisen, heißen **Intonationssprachen**. Zu den Intonationssprachen gehören die Standardausprägungen westgermanischer Sprachen wie Deutsch, Niederländisch oder Englisch, aber auch slawischer und romanischer Sprachen. Sprachen, die ausschließlich oder zusätzlich zu intonatorischen Tönen lexikalische Töne aufweisen, heißen **Tonsprachen**. Hierzu gehören ost- und südostasiatische Sprachen wie Mandarin-Chinesisch und Thailändisch, afroasiatische Sprachen wie Hausa und Niger-Kongo-Sprachen wie Yoruba. Davon zu unterscheiden sind die sog. **Tonakzentsprachen**. Es handelt sich hierbei um Sprachen, die neben intonatorischen Tönen auch wortgebundene Töne aufweisen, deren Verteilung und grammatisch-lexikalische Funktionen allerdings beschränkt sind. Hierzu gehören in Europa z. B. Litauisch und Kroatisch, zahlreiche Dialekte in Schweden und Norwegen, aber auch südniederfränkische Dialekte in den Niederlanden und Belgien sowie mittelfränkische Dialekte im Rheinland und im Moselgebiet. Die Tonakzentunterscheidung im Rheinland ist auch als *Rheinische Schärfung* oder *Rheinische Akzentuierung* bekannt (für einen Forschungsüberblick s. Schmidt 1986). So bedeutet im Kölner Stadtdialekt z. B. /luːs/ mit Akzent 1 (‚Schärfung') ‚schlau', mit Akzent 2 jedoch ‚Laus'. Akzent 1 zeigt bei isolierten Aussagen einen steilen Abfall der Tonhöhe, der mit einem steileren Abfall der Intensität und kürzerer Vokaldauer einhergeht, Akzent 2 eine verzögerte Fallbewegung, die meist mit längerer Vokaldauer einhergeht. Nach Gussenhoven und Peters (2004) lässt sich dieser Unterschied auf einen zusätzlichen lexikalischen Ton bei Akzent 2 zurückführen.

Der Begriff der **Intonation** wird in der Literatur in einem engeren und einem weiteren Sinne verwendet. Im engeren Sinne umfasst Intonation lediglich die kommunikativ relevanten Tonhöheneigenschaften sprachlicher Äußerungen. In einem weiteren Sinne umfasst sie auch andere kommunikativ relevante Eigenschaften sprachlicher Äußerungen, die nicht lautgebunden sind. Hierzu gehören neben den Tonhöheneigenschaften Eigenschaften der Dauer und der Lautheit, aus deren Zusammenwirken komplexe Phänomene resultieren, die traditionell als Betonung, Akzent und Rhythmus bezeichnet werden. Im Folgenden werden wir den Begriff der Intonation im engeren Sinne verwenden. Andernfalls würden wir nach wie vor einen Begriff benötigen, der sich ausschließlich auf Tonhöheneigenschaften bezieht. Außerdem steht für Intonation im weiteren Sinne mit dem Begriff der **Prosodie** bereits ein allgemein gebräuchlicher Terminus zur Verfügung.

In der Tradition des Amerikanischen Strukturalismus (Pike 1945, Trager & Smith 1951) werden prosodische Eigenschaften häufig als **suprasegmentale** Merkmale bezeichnet. Diese Bezeichnung kann im aktuellen Forschungskontext irreführend sein, denn auch Tonhöhenverläufe können als Segmentketten repräsentiert werden, wobei Töne, nicht Laute, als kleinste Segmente fungieren (s. Kap. 4). Wir werden deshalb weiterhin von prosodischen Eigenschaften sprechen, wenn wir auf phonetische oder phonologische Eigenschaften Bezug nehmen, die nicht an einzelne Laute gebunden sind.

1.2 Phrasierung, Akzentzuweisung und Konturwahl

Nach Halliday (1967) lassen sich drei Formen der intonatorischen Gestaltung unterscheiden, *Tonality*, *Tonicity* und *Tone*, die wir im Folgenden als *Phrasierung*, *Akzentzuweisung* und *Konturwahl* bezeichnen. Unter **Phrasierung** versteht man die Einteilung von Äußerungen oder Äußerungssequenzen in Abschnitte, die für die lautliche oder prosodische Gestaltung, aber auch für die syntaktische Verarbeitung von Sätzen relevant sind. Die für die Tonhöhengestaltung wichtigste prosodische Phrase bildet die **Intonationsphrase** (IP). Sie ist die Domäne, in der Intonationskonturen realisiert werden (s. Kap. 8.1). **Akzentzuweisung** bezeichnet die Markierung sprachlicher Einheiten einer Intonationsphrase, die hervorgehoben werden sollen. **Konturwahl** bezeichnet die Wahl einer Intonationskontur. Durch die Konturwahl wird insbesondere festgelegt, auf welche Art Akzentsilben hervorgehoben werden.

In (4a) unterscheiden sich die beiden Äußerungen in der Phrasierung. Phrasengrenzen werden hier durch geschweifte Klammern und Unterbrechung der Tonhöhenlinie angezeigt. In (4b) unterscheiden sich die beiden Äußerungen bezüglich der Akzentzuweisung. In (4c) unterscheiden sie sich bezüglich der Konturwahl.

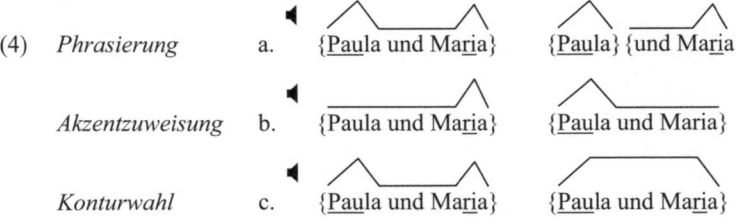

(4)   *Phrasierung*   a.   {Paula und Maria}   {Paula} {und Maria}

      Akzentzuweisung   b.   {Paula und Maria}   {Paula und Maria}

      Konturwahl   c.   {Paula und Maria}   {Paula und Maria}

(4b) zeigt, dass die Verlagerung der Akzentstelle auch einen Einfluss auf den Tonhöhenverlauf hat. Damit geht nicht zwangsläufig ein Wechsel der Intonationskontur einher. Die beiden Äußerungen in (4b) weisen zwar unterschiedliche Tonhöhenverläufe auf, beide Verläufe realisieren aber die gleiche Kontur. Diese Kontur zeichnet sich dadurch aus, dass auf der letzten Akzentsilbe der Intonationsphrase ein lokaler Tonhöhengipfel realisiert wird, mit tiefer Tonhöhe vor und nach der Akzentsilbe, soweit hierfür Silben zur Verfügung stehen.

Zur **Intonation** rechnen wir die Konturwahl und die Phrasierung, aber nicht die Akzentzuweisung. Gleichwohl spielt die Akzentzuweisung für die Intonation eine grundlegende Rolle, da sie festlegt, an welchen syntaktischen Einheiten innerhalb einer Intonationsphrase die zugehörige Intonationskontur verankert wird. Dabei ist es sinnvoll, zwischen drei Akzentbegriffen zu unterscheiden: Wortakzent, syntaktischer Akzent und phonologischer Akzent.

Ein **Wortakzent** befähigt eine Silbe, einen syntaktischen Akzent zu tragen, d. h. auf Satzebene oder allgemein auf syntaktischer Ebene akzentuiert zu werden (vgl. Lieb 1999).

Ein **syntaktischer Akzent** befähigt eine Wortakzentsilbe, einen phonologischen Akzent zu tragen. Syntaktische Akzente entsprechen den Satzakzenten in traditionellen Darstellungen. Die Position syntaktischer Akzente ist von der syntaktischen Struktur abhängig, und der Beitrag dieser Akzente zur Äußerungsbedeutung betrifft primär die Informationsstruktur (Fokus, Thema-Rhema-Gliederung u. ä.).

Mit dem Begriff des **phonologischen Akzents** erfassen wir die Form der Hervorhebung von Silben, die einen syntaktischen Akzent tragen. Eine syntaktisch akzentuierte Silbe kann z. B. durch einen fallenden oder durch einen steigenden Tonhöhenverlauf auf der Akzentsilbe hervorgehoben werden. Sind beide Tonhöhenverläufe in einer gegebenen Sprache distinktiv, liegen unterschiedliche phonologische Akzente vor.

Die unterschiedlichen Ebenen der Akzentuierung lassen sich am Beispiel (1a) *Sie lebt in Oldenburg* illustrieren. (5a) gibt die Wortakzentstruktur wieder. Alle Silben, die einen (primären) Wortakzent tragen, sind unterstrichen. (5b) zeigt, dass im gegebenen Fall nur eine Silbe, die Wortakzentsilbe von *Oldenburg*, auf syntaktischer Ebene hervorgehoben werden soll, also einen syntaktischen Akzent trägt. (5c) deutet durch den stilisierten Tonhöhenverlauf an, in welcher Form die syntaktisch akzentuierte Silbe *ol* hervorgehoben werden soll, nämlich durch eine steigend-fallende Tonhöhenbewegung.

(5) a. *Wortakzente*   Sie lebt in Oldenburg
     b. *Syntaktische Akzente*   Sie lebt in Oldenburg

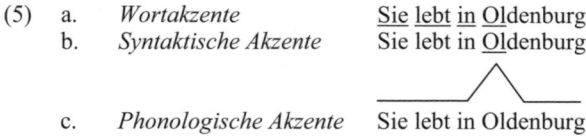

     c. *Phonologische Akzente*   Sie lebt in Oldenburg

Weder Wortakzente noch syntaktische Akzente oder phonologische Akzente sind mit den tatsächlichen Hervorhebungen auf der Äußerungsebene gleichzusetzen. Wortakzente legen fest, welche Silben bei einer konkreten Äußerung einer Phrase hervorgehoben werden *können*; syntaktische Akzente legen fest, welche Silben hervorgehoben werden *sollen*; und phonologische Akzente legen fest, *in welcher Form* diese Silben hervorgehoben werden sollen.

Phonologische Akzente werden im Deutschen durch **Tonhöhenakzente** (*pitch accents*) realisiert. In autosegmental-metrischen Repräsentationen (s. Kap. 4) bestehen Tonhöhenakzente aus ein oder mehreren Tönen, von denen jeweils einer, der Akzentton, an einer Silbe verankert ist, die einen syntaktischen Akzent trägt. Tonhöhenakzente heben die entsprechenden Silben mittels distinktiver

Tonhöhenmerkmale hervor, womit auch Änderungen der Intensität und der Laut- oder Silbendauer einhergehen können.

Von Tonhöhenakzenten können emphatische Akzente unterschieden werden (*emphatic accent*, vgl. auch *force accent*, Kohler 2003, Niebuhr 2010). **Emphatische Akzente** sind zusätzliche Hervorhebungen, die in der Regel mit einem erhöhten artikulatorischen Aufwand einhergehen. Im Unterschied zu Tonhöhenakzenten können emphatische Akzente auch auf Silben auftreten, die keinen syntaktischen Akzent tragen. Treten sie auf einer syntaktisch akzentuierten Silbe auf, verstärken sie die Ausprägung des jeweiligen Tonhöhenakzents, etwa durch eine Erhöhung des Tonhöhengipfels. Auch auf Silben, die rhythmisch prominent sind, aber keinen Tonhöhenakzent tragen, können emphatische Akzente eine geringe lokale Anhebung der Tonhöhe bewirken.

Die folgenden Beispiele illustrieren das Auftreten eines Tonhöhenakzents *ohne* emphatischen Akzent (6a), das Auftreten eines Tonhöhenakzents *mit* einem emphatischen Akzent auf der gleichen Silbe (6b), der durch Ausrufungszeichen markiert wird, und das Vorkommen von emphatischen Akzenten auf allen Silben des betreffenden Satzes (6c), was in diesem Fall einen staccatoartigen Eindruck erzeugt.

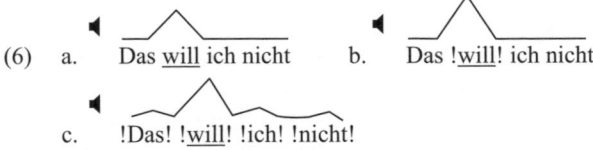

(6) a. Das will ich nicht   b. Das !will! ich nicht

   c. !Das! !will! !ich! !nicht!

Der Beitrag syntaktischer Akzente betrifft wie erwähnt primär die Informationsstruktur. Hierzu gehört insbesondere die **Fokus-Hintergrund-Gliederung**, womit informatorisch bedeutsame Teile eines Satzes hervorgehoben und in diesem Sinne ‚in den Fokus' gerückt werden. Diejenigen syntaktischen Akzente, die einer Konstituente das Merkmal [+Fokus] zuweisen, heißen **Fokusakzente**, und die Silben, die solche Akzente tragen, **Fokusakzentsilben**.

Ist der gesamte Satz im Fokus, wie in (7a), liegt **weiter** (oder neutraler) **Fokus** vor. Wird nur ein Teil des Satzes fokussiert, wie in (7b), liegt **enger Fokus** vor (vgl. Ladd 1980). Hier steht *gelbes* im Fokus. Der übrige Teil der Aussage, der durch die vorangehende Frage bereits kontextuell eingeführt ist, bildet den Hintergrund.

(7) a. [Paula hat ein gelbes Fahrrad]$_F$

   b. Was für ein Fahrrad hat Paula? − Paula hat ein [gelbes]$_F$ Fahrrad.

Bei engem Fokus wird die jeweils hervorgehobene Konstituente in Bezug zu Alternativen gesetzt. So lässt sich die Aussage in (7b) verstehen im Sinne von ‚Paula hat ein *gelbes* Fahrrad und nicht ein andersfarbiges'.

1.3 Wovon handelt dieses Buch?

Intonationskonturen variieren sowohl in ihrer akustischen Form als auch aufgrund ihrer vielfältigen kommunikativen Funktionen. Trotzdem erwerben wir wesentliche Teile des Intonationssystems unserer Umgebungssprache bereits in den ersten Lebensjahren, ohne dass dies besonderer Anstrengungen bedarf.

Wie aber ist es möglich, dass der Erwerb der Intonation so schnell und mühelos erfolgt? Dafür lassen sich mindestens drei Gründe anführen: Erstens ist Intonation *regelhaft*, genauso regelhaft wie die Bereiche der lautbasierten Grammatik, die das phonologische System, das morphologische System und das syntaktische System einer Sprache umfasst. Analog zu den lautbasierten Systemen lässt sich eine tonbasierte Grammatik aufbauen, die distinktive Töne und komplexere Einheiten, die sich aus Tönen zusammensetzen, zum Gegenstand hat, und die wir im Folgenden als **Intonationsgrammatik** bezeichnen. Zweitens ist diese Intonationsgrammatik wesentlich einfacher aufgebaut als die lautbasierte Grammatik. Dies wird in Kapitel 6-8 am Beispiel der Intonationsgrammatik des nördlichen Standarddeutschen illustriert. Drittens lässt sich der Beitrag der Intonationskontur zur Äußerungsbedeutung auf eine kleine Anzahl abstrakter semantischer Merkmale zurückführen, die die möglichen kommunikativen Funktionen einer Äußerung im jeweiligen sprachlichen und situativen Kontext systematisch einschränken. Hinzu kommen allerdings weitere kommunikative Funktionen, die auf kontinuierlicher Variation des Tonhöhenverlaufs im Frequenz- und Zeitbereich beruhen (vgl. Kap. 5).

Die Behauptung, die Intonationsgrammatik sei einfach aufgebaut, scheint im Widerspruch zu den Schwierigkeiten zu stehen, die uns die systematische *Beschreibung* von Intonationskonturen bereitet. Tatsächlich fällt es uns aufgrund unserer sprachlichen Sozialisation gewöhnlich schwer, sprachliche Phänomene, die nicht lautbasiert sind, analytisch zu erfassen. Im Bereich der lautbasierten Grammatik erwerben wir im Zuge des Schrifterwerbs in den ersten Schuljahren vortheoretische Begriffe von Lauten, Silben, Wörtern und Sätzen. Ferner eröffnet uns das Lesen und Schreiben einen visuellen und motorischen Zugang zu solchen Einheiten, es macht Laute, Silben, Wörter und Sätze für uns ‚sichtbar' und ‚begreifbar', auch wenn uns die moderne Graphematik lehrt, dass lautliche Einheiten keineswegs immer eindeutige Entsprechungen im Bereich der Schrift haben und Schreibsysteme teilweise autonom, also lautunabhängig organisiert sind (Fuhrhop & Peters 2013). Die Intonation hingegen bleibt im Deutschen unverschriftet. Auch die Interpunktion liefert uns im Deutschen keine verlässliche Information über die tonale Struktur einer Äußerung und über die intonatorische Phrasierung. Vielmehr handelt es sich um ein schriftinternes System, das in erster Linie der Verarbeitung der geschriebenen Sprache dient (Primus 2010, Bredel 2011). Es bedarf deshalb eines eigenen theoretischen Zugriffs und einer besonderen Schulung im Bereich der Wahrnehmung und Repräsentation von Tonhöhenverläufen, um intonatorische Phänomene auch analytisch zu erfassen. Hierzu will der vorliegende Band beitragen.

Im folgenden Kapitel 2 werden einige artikulatorische, akustische und auditive Grundlagen der Intonationsforschung vorgestellt. Kapitel 3 führt in die traditionelle Intonationsanalyse der sog. Britischen Schule ein, die sich aufgrund ihrer intuitiven Zugänglichkeit besonders für den Sprachunterricht eignet, deren Kenntnis aber auch grundlegend für das Verständnis moderner Ansätze ist. In Kapitel 4 folgt eine Einführung in das Autosegmental-Metrische Modell, dessen Kenntnis für die Rezeption der aktuellen Forschungsliteratur unverzichtbar ist. Kapitel 5 liefert Grundlagen zur phonetischen Realisierung von Intonationskonturen. Die Kapitel 6-8 stellen Elemente einer Intonationsgrammatik für das nördliche Standarddeutsche vor. Abschließend schlägt Kapitel 9 eine Brücke zu linguistischen Nachbargebieten, für die die Intonation eine besondere Rolle spielt.

Aufgaben

a) *Phrasierung:* Wie viele prosodische Phrasen hören Sie? Versuchen Sie, die Tonaufnahmen auf der Webseite aufgrund der Pausenstruktur einem der folgenden Beispiele zuzuordnen:
◀ i. {eins zwei drei} – {eins} {zwei drei} – {eins} {zwei} {drei}
◀ ii. {Mark mein Bruder schläft im Zug}
   {Mark mein Bruder} {schläft im Zug}
   {Mark} {mein Bruder} {schläft im Zug}
   {Mark} {mein Bruder schläft im Zug}
Gibt der Tonhöhenverlauf ebenfalls Hinweise auf die durch Klammern markierten Phrasengrenzen? Ergeben sich Unterschiede für die Äußerungsinterpretation?

b) *Phrasierung:* Sprechen Sie die Äußerungen in Aufgabe a) in wechselnder Reihenfolge, und lassen Sie Ihre Zuhörer raten, welche Äußerung Sie gewählt haben.

c) *Akzentzuweisung:* Welche Silben tragen einen Satzakzent? Ordnen Sie die Tonaufnahmen einem der folgenden Beispiele zu:
◀ i. Sie liebt Konstanz. – Sie liebt Konstanz.
◀ ii. Maria wohnt in Bremerhaven. – Maria wohnt in Bremerhaven.
Maria wohnt in Bremerhaven. – Maria wohnt in Bremerhaven.
◀ iii. Maria wohnt in Bremerhaven. – Maria wohnt in Bremerhaven.
Maria wohnt in Bremerhaven. – Maria wohnt in Bremerhaven.

d) *Akzentzuweisung:* Sprechen Sie die Äußerungen in Aufgabe c) in wechselnder Reihenfolge, und lassen Sie Ihre Zuhörer/innen raten, welche Äußerung Sie gewählt haben.

e) *Konturwahl:* Zwei von drei Äußerungen pro Zeile werden in den Tonaufnahmen mit der gleichen Intonationskontur realisiert. Welche sind das?
◀ i. Paula ist zuhause.   Carlo schläft.   Anni ist im Kino.
◀ ii. Wo ist Paul?   Hast du eingekauft?   Magst Du Kiwi?
◀ iii. Wann kommst du?   Ich muss weg.   Wie heißt du?

f) *Konturwahl:* Versuchen Sie folgende Sätze mit den angegebenen Melodieverläufen zu sprechen.

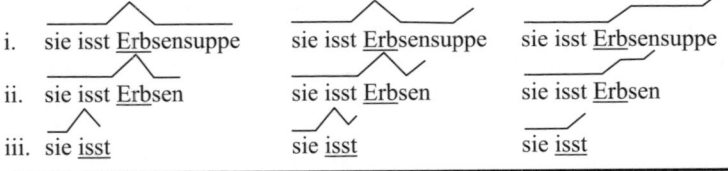

Grundbegriffe: Intonation, Intonationskontur, intonatorischer Ton, lexikalischer Ton, Intonationssprache, Tonsprache, Tonakzentsprache, Prosodie, suprasegmentale Merkmale, Phrasierung, Intonationsphrase, Akzentzuweisung, Konturwahl, Wortakzent, syntaktischer Akzent, phonologischer Akzent, Tonhöhenakzent, emphatischer Akzent, Fokus-Hintergrund-Gliederung, Fokusakzent, Fokusakzentsilbe, weiter und enger Fokus, Intonationsgrammatik.

Weiterführende Literatur: Gesamtdarstellungen zur Intonation: Gussenhoven 2004, Wells 2006, Ladd 2008; zur Informationsgliederung: Krifka 2008, Meibauer 2008 und Musan 2010; zur Akzentzuweisung im Deutschen: Uhmann 1991 und Truckenbrodt 2013; zu unterschiedlichen Akzentbegriffen: Lieb 1999 und Fuhrhop & Peters 2013, Kap. I 7.3.

2 Phonetische Grundlagen

In der ersten Hälfte des 20. Jahrhunderts erfolgte die Untersuchung der Intonation noch fast ausschließlich ohrenphonetisch, d.h. aufgrund von Höreindrücken. Die Fähigkeit, kommunikativ relevante Unterschiede in der Tonhöhengestaltung wahrzunehmen, aber auch subtile Unterschiede in der Intonation verschiedener Sprecher/innen oder Sprachen, ist in der traditionellen Intonationsanalyse über Jahrzehnte hinweg gepflegt und weiterentwickelt worden. Dies gilt insbesondere für die Britische Schule, die ein besonderes Interesse an der Verbesserung der Aussprache des Englischen im Fremdsprachenunterricht hatte. In den letzten Jahrzehnten hat die messtechnische Erfassung von Grundfrequenzverläufen sowie der zugrunde liegenden Phonationsprozesse deutliche Fortschritte gemacht und neue Forschungsfelder eröffnet. Aus diesem Grund ist heute auch ein Verständnis der akustischen und artikulatorischen Grundlagen der Tonhöhengestaltung für das Verständnis der Forschungsliteratur unerlässlich.

Dieses Kapitel gibt eine kurze Einführung in die physiologischen Grundlagen der Phonation (Kap. 2.1), in die Grundfrequenz als akustische Größe (Kap. 2.2) sowie in die Rolle der Grundfrequenz für die Tonhöhenwahrnehmung (Kap. 2.3).

2.1 Phonation

Die Erzeugung von Sprechschall beruht auf dem Zusammenspiel dreier anatomisch-physiologischer Systeme. Das **laryngale** System umfasst den Kehlkopf (*Larynx*), der die Stimmritze (*Glottis*) enthält, die zwischen den Stimmlippen gebildet wird. Das **sublaryngale** System umfasst das Zwerchfell, die Lunge und die Luftröhre. Das **supralaryngale** System umfasst die Rachenhöhle, die Mundhöhle und die Nasenhöhle mit den beweglichen Artikulationsorganen Zunge, Lippen, Gaumensegel und Zäpfchen (s. Abbildung 1).

Das Zusammenspiel der drei Systeme lässt sich im sog. **Quelle-Filter-Modell** beschreiben (Fant 1960). Der im Kehlkopf mithilfe der Atemluft erzeugte **Rohschall** dient als Quellsignal. Der Vokaltrakt, der die Rachenhöhle, die Mundhöhle und die Nasenhöhle umfasst, fungiert als **Ansatzrohr**, das durch seine veränderlichen Resonanzeigenschaften den Rohschall ‚filtert' oder ‚formt', indem es Schallanteile, deren Frequenzen nahe den Eigenfrequenzen des Ansatzrohrs liegen, verstärkt und Schallanteile mit anderen Frequenzen dämpft. Die Schallerzeugung im Kehlkopf wird als Stimmgebung oder **Phonation** bezeichnet, die ‚Formung' des Schalls im Ansatzrohr als **Artikulation**.

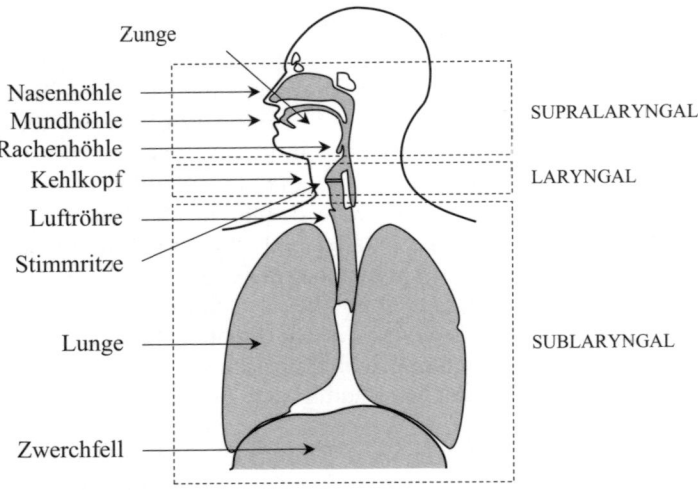

Abb. 1. Anatomisch-physiologische Systeme zur Erzeugung von Sprechschall.

Die Phonation beruht auf dem Zusammenspiel zwischen dem sublaryngalen und dem laryngalen System. Das sublaryngale System liefert den für die Phonation notwendigen Luftdruck unterhalb der Stimmritze, der auch als subglottaler Luftdruck bezeichnet wird. Im laryngalen System wird der Rohschall erzeugt, indem die Stimmlippen so einander angenähert und angespannt werden, dass sie durch den sublaryngal erzeugten Luftstrom in eine periodische Öffnungs- und Schließbewegung versetzt werden. Dabei führt der subglottale Luftdruck zunächst zu einer Öffnungsbewegung, während elastische Rückstellkräfte sowie der durch die durchfließende Luft erzeugte Unterdruck eine Schließbewegung herbeiführt, worauf der wieder ansteigende subglottale Druck erneut eine Öffnungsbewegung erzeugt. Diese Auswirkung der durchströmenden Luft wird auch *Bernoulli-Effekt* genannt. Die Frequenz, mit der ein solcher Öffnungs- und Schließprozess wiederholt wird, entspricht der **Grundfrequenz (f_0)** des Schallsignals, dem wichtigsten akustischen Korrelat der Tonhöhe.

Die Grundfrequenz kann durch Aktivität der laryngalen Muskeln verändert werden. Eine vergrößerte Anspannung der Stimmlippen führt zu einer Erhöhung der Schwingungsfrequenz. Außerdem hängt die Grundfrequenz von der Masse und der Masseverteilung der

Stimmlippen ab, in geringerem Maße auch vom subglottalen Druck und von Rückwirkungen des Ansatzrohrs.

2.2 Akustische Korrelate der Tonhöhe

Aus akustischer Sicht lassen sich drei Typen von Schallsignalen unterscheiden: Töne, Klänge und Geräusche. Ein (akustischer) **Ton** ist ein Schallereignis, das durch eine einzige Sinusschwingung darstellbar ist, weshalb Töne im akustischen Sinne auch als Sinustöne bezeichnet werden. Ein **Klang** lässt sich als Summe mehrerer akustischer Töne auffassen, die auch als **Teiltöne** oder **Partialtöne** bezeichnet werden. Ein **Geräusch** enthält keine periodischen Anteile, d.h. das Signal weist keine Wiederholungen auf. Je nachdem, ob sich ein Geräusch über einen gewissen Zeitraum erstreckt oder impulsartig auftritt, handelt es sich um **Rauschen** oder um einen **Knall**. Abbildung 2 illustriert diese Typen von Schallereignissen in Form von Oszillogrammen. Oszillogramme bilden Schwankungen elektrischer Spannungen als Funktion der Zeit ab, die den im Mikrofon registrierten Luftdruckschwankungen des Sprechschalls entsprechen.

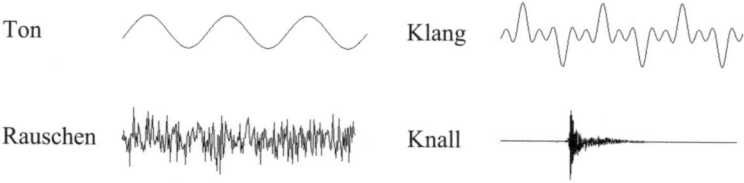

Abb. 2. Ton, Klang, Rauschen und Knall.

Natürliche Signale weisen niemals absolute Periodizität auf. Deshalb gibt es in der Natur auch keine reinen Töne oder Klänge. Andererseits weisen viele natürliche Signale innerhalb gewisser Zeitfenster eine annähernde Periodizität auf, die auch als Quasi-Periodizität bezeichnet wird. Diese Quasi-Periodizität reicht aus, damit wir akustische Signale mit einer temporären Tonhöhe wahrnehmen können. Deshalb werden die Begriffe ‚Ton' und ‚Klang' meist in einem weiteren Sinne verwendet, der auch Quasi-Periodizität einschließt.

Sprechschall lässt sich idealisiert als Abfolge von harmonischen Klängen (Vokalen), harmonischen Klängen mit Geräuschanteilen (stimmhaften Konsonanten) und Geräuschen (stimmlose Konsonanten) beschreiben. Als **harmonisch** gelten Klänge, deren Teiltonfrequenzen in einem ganzzahligen Verhältnis zueinander stehen. Im Sprechschall steht die Frequenz alle Teiltöne in einem ganzzahligen Verhältnis zur Frequenz des untersten Teiltones, der den größten gemeinsamen Teiler der Teiltöne des Klanges darstellt, und der auch **Grundton** genannt wird. Dessen Frequenz ist die bereits erwähnte **Grundfrequenz** (f_0). Sie wird in Hertz (Hz, Schwingungen pro Sekunde) gemessen. Alle anderen Teiltöne bilden Vielfache der Grundfrequenz. Sie we rden auch **Obertöne** genannt. Wenn wir einen Vokal mit einer Grundfrequenz von 100 Hz produzieren, können wir also erwarten, dass das Sprechsignal zusätzlich die Frequenzen 200 Hz, 300 Hz, 400 Hz, 500 Hz usw. aufweist (s. Abbildung 3).

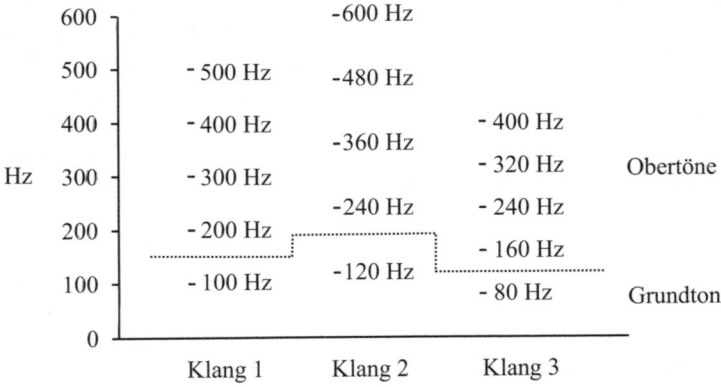

Abb. 3. Harmonische Klänge mit den Grundfrequenzen 100 Hz, 120 Hz und 80 Hz. Darstellung des Grundtons und der ersten vier Obertöne.

2.3 Wahrnehmung der Tonhöhe

Die Grundfrequenz (f_0) gilt als wichtigstes akustisches Korrelat der wahrgenommenen Tonhöhe. Das trifft insofern zu, als eine Erhöhung der Grundfrequenz gewöhnlich mit der Wahrnehmung eines Anstiegs der Tonhöhe einhergeht, und ihre Absenkung mit der Wahrnehmung eines Abfalls der Tonhöhe. Diese Aussage bedarf allerdings zweierlei Einschränkungen. Zum einen haben mikroprosodische Fluktuationen der Grundfrequenz, wie sie z. B. unmittelbar nach Verschlusslauten beobachtbar sind (s. Kap. 5.3), keinen Einfluss auf unsere Tonhöhenwahrnehmung. Dazu erfolgt die Auslenkung in einem zu kleinen Zeitfenster und ist meist auch nicht groß genug. Zum anderen muss ein Schallereignis keine Grundfrequenz aufweisen, um mit einer spezifischen Tonhöhe wahrgenommen zu werden. Hierfür ist die Präsenz von Vielfachen der Grundfrequenz, die den Frequenzen der Obertöne im Sprechsignal entsprechen, ausreichend. Da der Abstand zwischen benachbarten Vielfachen jeweils der Grundfrequenz entspricht, genügen im Prinzip zwei benachbarte Vielfache im Sprechsignal, um die Grundfrequenz des Schallereignisses zu bestimmen und das Schallereignis mit einer entsprechenden Tonhöhe wahrzunehmen. Allerdings wird die Tonhöhe umso deutlicher wahrgenommen, je mehr benachbarte Teiltöne im Sprechklang vorhanden sind (s. Aufgabe c).

Wie wenig unsere Tonhöhenwahrnehmung auf das vollständige Spektrum angewiesen ist, illustriert der auditive Vergleich der beiden Äußerungen in Abbildung 4. Die zweite Äußerung unterscheidet sich von der ersten nur dadurch, dass mithilfe eines Hochpassfilters das Signal unterhalb von 150 Hz und damit auch der Grundton entfernt wurde. Bei der Darstellung handelt es sich um ein Schmalbandspektrogramm, das alle Teiltöne im gewählten Frequenzausschnitt in Form horizontaler Balken anzeigt.

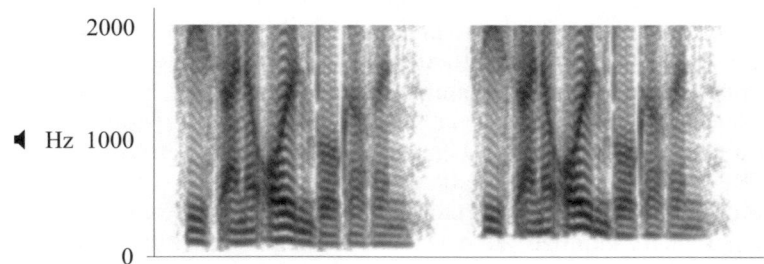

Abb. 4. Schmalbandspektrogramm der Äußerung *Sie ist eine Oldenburgerin*, links mit allen Teiltönen und rechts ohne Grundton.

Für die Identifizierung von Tonhöhenverläufen benötigen wir außerdem kein durchgängiges Signal mit periodischen Anteilen. Innerhalb einer Äußerung lassen sich Bereiche unterscheiden, die größere oder geringere Relevanz für die Tonhöhenwahrnehmung und insbesondere für die Wahrnehmung von Intonationskonturen haben. Generell ist die Tonhöhe im Bereich von Silbenkernen, die Vokale oder sonore Konsonanten aufweisen, für die Wahrnehmung der Sprechmelodie wichtiger als die im Bereich der Silbenränder. Ferner ist die Tonhöhe im Bereich betonter Silben relevanter als im Bereich unbetonter Silben. Und schließlich sind unter den betonten Silben die akzentuierten relevanter als die unakzentuierten.

Aufgrund dieser Eigenschaften erweist sich die Tonhöhenwahrnehmung als außerordentlich robust, sowohl im Frequenzbereich als auch im Zeitbereich. Die Robustheit im Frequenzbereich zeigt sich nicht nur darin, dass der Grundton im Signal für die Tonhöhenwahrnehmung nicht benötigt wird. Auch wenn Teile des Frequenzspektrums durch Störschall verdeckt werden, oder wenn andere Sprechsignale im Umgebungsschall vorhanden sind, etwa beim Simultansprechen, ist für uns die Grundfrequenz in der Regel aufgrund des Verhältnisses der hörbaren Teiltöne erschließbar. Die Robustheit im Zeitbereich zeigt sich darin, dass die Präsenz stimmloser Konsonanten in den Silbenrändern die Tonhöhenwahrnehmung kaum beeinträchtigt, ebenso wenig wie Störschall im Bereich nicht-akzentuierter Silben.

Schließlich ist nicht einmal periodische Information im Schallsignal erforderlich, um die Wahrnehmung von Tonhöhenverläufen sicherzustellen. Das lässt sich beim Flüstern beobachten, das akustisch gesehen ein Geräusch darstellt. Beim Flüstern tragen charakteristische Änderungen der spektralen Eigenschaften der Vokale zu relevanten Tonhöhenwahrnehmungen bei. Sämtliche Intonationskonturen des Deutschen lassen sich auch flüsternd realisieren.

Damit wir einen Ton unterhalb von 500 Hz doppelt so hoch wahrnehmen, muss sich seine Grundfrequenz in etwa verdoppeln. So verdoppelt sich die wahrgenommene Tonhöhe bei der Erhöhung der Grundfrequenz von 100 Hz auf 200 Hz und von 200 Hz auf 400 Hz; und einem Anstieg von 100 Hz um 25 Hz entspricht ein Anstieg von 200 Hz um 50 Hz, also um den doppelten Betrag. Das ist insbesondere beim Vergleich der Grundfrequenzverläufe von weiblichen und männlichen Stimmen zu beachten. Diesem Verhältnis kann man dadurch Rechnung tragen, dass man für die Darstellung von Grundfrequenzverläufen eine logarithmische Hertz-Skala benutzt. Eine solche Skala liegt auch der musikalischen Halbtonskala zugrunde, wobei der Verdopplung der Grundfrequenz eine Oktaverhöhung entspricht. Alternativ werden auch psychoakustisch begründete Skalen wie die Mel-Skala, die Bark-Skala oder die ERB-Skala verwendet (s. Reetz 2003, Kap. 2.8).

Obwohl heute leistungsfähige Algorithmen zur Detektion der Grundfrequenz zur Verfügung stehen, hat die Bestimmung der Grundfrequenz aufgrund von Vielfachen im Sprachsignal auch heute noch praktische Bedeutung, insbesondere bei sehr hohen Stimmen von Säuglingen und Kleinkindern und bei Irregularitäten im Phonationsmodus wie dem sog. *harmonic break,* bei dem unterschiedliche Teile der Stimmlippen mit unterschiedlicher Frequenz schwingen, sodass im Spektrum zwischen den Teiltönen zusätzliche Frequenzkomponenten auftreten. In diesen Fällen kann man die erwähnten Schmalbandspektrogramme heranziehen, die das Spektrum der Teiltöne wiedergeben. Die Genauigkeit der Bestimmung der Grundfrequenz mithilfe von Schmalbandspektrogrammen lässt sich erhöhen, indem nicht der Abstand zwischen zwei benachbarten Teiltönen gemessen wird, sondern der Abstand zwischen weiter entfernt liegenden Teiltönen, wobei dieser Abstand dann durch die um 1 verminderte Zahl der berücksichtigten Teiltöne geteilt wird.

Aufgaben

a) Welche Frequenz hat der Grundton in folgenden Klängen?
  (i)   210 Hz, 420 Hz, 630 Hz   (ii)   280 Hz, 560 Hz
  (iii) 200 Hz, 300 Hz, 400 Hz   (iv) 330 Hz, 440 Hz, 550 Hz
  (v)   180 Hz, 270 Hz, 360 Hz   (vi) 300 Hz, 400 Hz

Die folgenden Aufgaben sind für Studierende bestimmt, die bereits Erfahrungen mit *Praat* oder einem vergleichbaren Analyseprogramm haben. Fehlende Kenntnisse können auch mithilfe des *Tutorials* von Mayer (2017) erworben werden.

b) Erzeugen Sie in *Praat* mithilfe der Funktion *Create sound from formula* im Menü NEW: SOUND die in Aufgabe a) aufgelisteten Klänge. Benutzen Sie dazu die Formeln sin(2*pi*n_1*x) + sin(2*pi*n_2*x) bzw. sin(2*pi*n_1*x) + sin(2*pi*n_2*x) + sin(2*pi*n_3*x) mit n_1, n_2 und n_3 für die beteiligten Teiltöne.

c) Erzeugen Sie die zugehörigen Grundtöne und Obertöne mithilfe der Formel sin(2*pi*n*x) und vergleichen Sie Tonhöhe und Klangfarbe der Grundtöne, Obertöne und Klänge.

d) Erstellen Sie in *Praat* Schmalbandspektrogramme der erzeugten Klänge und vergleichen Sie die in Aufgabe a) identifizierte Grundfrequenz mit der über die *Pitch*-Funktion von *Praat* angezeigten Grundfrequenz.

Vorgehen: (i) Wählen Sie eine der in Aufgabe c) erzeugten Sound-Dateien im Hauptmenü aus; (ii) klicken Sie den Button VIEW & EDIT an; (iii) wählen Sie im Menü SPECTRUM *Show Spectrogram* und passen Sie die Einstellungen in *View settings* an: *View range (Hz):* 0-1000, *Window length (s):* 0.05; (iv) wählen Sie im Menü PITCH *Show Pitch*.

Grundbegriffe: laryngal, sublaryngal, supralaryngal, Quelle-Filter-Modell, Rohschall, Ansatzrohr, Phonation, Artikulation, Grundfrequenz (f_0); Ton, Klang, Teilton (Partialton), Geräusch, Rauschen, Knall, harmonischer Klang, Grundton, Oberton.

Weiterführende Literatur: Gesamtdarstellungen: Reetz 2003, Pompino-Marschall 2009; zur Tonhöhenwahrnehmung: Terhardt 1998. Zu den leistungsfähigsten Analyseprogrammen für die Extraktion der Grundfrequenz gehört Praat (Boersma & Weenink 1992-2013). Eine gute deutschsprachige Einführung hierzu liefert Mayer 2017.

3 Traditionelle Intonationsanalyse

3.1 Hintergrund

Die traditionelle Intonationsanalyse des Englischen und Deutschen wurde insbesondere durch die *Britische Schule* geprägt, die auf Arbeiten von Palmer (1922), Kingdon (1958), O'Connor und Arnold (1973) und anderen zurückgeht. Intonationsanalysen im Rahmen der Britischen Schule zeichnen sich durch große intuitive Zugänglichkeit aus. Dazu tragen drei Merkmale dieses Ansatzes bei: eine ohrenphonetisch basierte Unterteilung von Intonationskonturen in saliente Tonhöhenbewegungen; eine anschauliche, gestaltbasierte Notation von Intonationskonturen; und eine direkte Verknüpfung von Intonationskonturen mit intonatorischen Bedeutungen unter Bezug auf konkrete Sprechereinstellungen.

Die Intonationsanalysen der Britischen Schule zielten ursprünglich auf den Unterricht von Englisch als Fremdsprache ab, was man auch an den umfangreichen Übungsteilen vieler Schriften erkennen kann. Die Britische Schule hat ferner die Terminologie der Intonationsforschung maßgeblich geprägt und dient heute noch als eine Art *Lingua franca* zur Verständigung zwischen Anhängern/innen verschiedener theoretischer Ausrichtungen. Im Folgenden stellen wir eine Intonationsbeschreibung im Sinne der Britischen Schule anhand der Darstellung von O'Connor und Arnold (1973) vor, wobei wir uns auf die Beschreibung der *Form* von Intonationskonturen beschränken. Die englischsprachigen Beispiele der beiden Autoren werden durch entsprechende deutsche Beispiele illustriert, auch wenn sich die Realisierung dieser Konturen teilweise unterscheidet und nicht alle Aussagen, die über die Verwendung der englischen Konturen getroffen werden, auch für die deutschen zutreffen (s. Fox 1984).

3.2 Aufbau und Notation von Intonationskonturen

In Sprachen wie dem Englischen und Deutschen lassen sich Intonationskonturen auf ein relativ kleines Inventar tonaler Einheiten zurückführen, die als Bausteine von Intonationskonturen fungieren. Aus Sicht der Britischen Schule fungieren Typen von Tonhöhenbewegungen wie *Falls* und *Rises* als distinktive tonale Einheiten, nicht lokale Tonhöhenstufen wie *High* und *Low*.

Intonationskonturen werden als *Tunes* bezeichnet. Diejenigen Abschnitte einer Äußerung, in denen solche *Tunes* auftreten, werden *Word Groups* genannt. Sie entsprechen den Phrasen, die heute gewöhnlich als Intonationsphrasen bezeichnet werden (s. Kap. 8.1)

Ein *Tune* umfasst maximal vier Abschnitte: *Pre-head*, *Head*, *Nucleus* und *Tail*. Der **Nucleus** umfasst die letzte Akzentsilbe einer Intonationsphrase. Der **Tail** umfasst alle Silben der Intonationsphrase nach dem *Nucleus*. Die Kontur, die *Nucleus* und *Tail* umfasst, wird auch als **nukleare Kontur** (*nuclear tone*) bezeichnet. Der **Head** umfasst die erste betonte Silbe, die einen phonologischen Akzent trägt, und reicht bis zur letzten Silbe vor dem *Nucleus*. Der **Pre-Head** umfasst alle Silben, die dem *Head* innerhalb der Intonationsphrase vorangehen. Jede Intonationsphrase hat genau einen *Nucleus*. Alle anderen Bestandteile der Intonationsphrase sind fakultativ. Der *Nucleus* kann also allein auftreten oder nur mit einem *Tail*, einem *Head* oder *Pre-Head*. (1) illustriert unterschiedliche Typen von *Tunes*. Akzentsilben werden wiederum durch Unterstreichung hervorgehoben.

(1)	Pre-Head	Head	Nucleus	Tail
			<u>Max</u>	
			<u>Max</u>	ist da
		<u>An</u>na und	<u>Max</u>	
		<u>An</u>na und	<u>Max</u>	sind da
	Auch		<u>Max</u>	
	Auch		<u>Max</u>	ist da
	Auch	<u>An</u>na und	<u>Max</u>	
	Auch	<u>An</u>na und	<u>Max</u>	sind da

Zur graphischen Darstellung von Intonationskonturen wird in der Britischen Schule häufig die sog. *Tadpole*-Notation verwendet. Bei dieser Notation wird jeder Silbe ein Punkt zugeordnet. Betonte Silben werden durch größere Punkte ausgezeichnet, unbetonte Silben durch kleinere Punkte. Die relative Tonhöhe der Silben wird durch die Position der Punkte zwischen zwei horizontalen Linien angedeutet, die die Grenzen des genutzten Tonhöhenbereichs markieren. Eine Tonhöhenbewegung, die innerhalb einer Silbe erfolgt, wird durch eine Linie angedeutet, die vom Punkt dieser Silbe ausgeht. Punkte, die mit solchen Linien kombiniert werden, ähneln Kaulquappen, was die Bezeichnung *Tadpole*-Notation erklärt (engl. *tadpole* ‚Kaulquappe'). (2) zeigt drei Realisierungen einer fallend-steigenden Kontur mit stilisierten Tonhöhenverläufen und den entsprechenden *Tadpole*-Notationen.

(2) a. Hanneke   b. Hanna   c. Hans
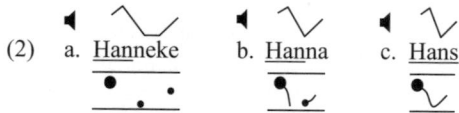

Eine Alternative stellt die Notation mithilfe von *Tonetic stress-marks* dar. *Tonetic stress-marks* sind diakritische Zeichen, die vor betonte Silben gesetzt werden. Sie gehen auf Kingdon (1958) zurück. O'Connor und Arnold (1973) verwenden ebenfalls eine Version der *Tonetic stress-mark*-Notation. Sie gebrauchen sog. kinetische Zeichen, um distinktive Tonhöhenbewegungen anzuzeigen, die auf den betreffenden Silben auftreten oder beginnen. [´] und [`] stehen für eine hoch einsetzende steigende bzw. fallende Tonhöhenbewegung, [ˌ] und [ˌ] stehen für eine tief einsetzende steigende bzw. fallende Tonhöhenbewegung, und [ˇ] und [ˆ] stehen für eine fallend-steigende bzw. steigend-fallende Tonhöhenbewegung. Um ein Tonhöhenplateau zu kennzeichnen, das auf einer akzentuierten Silbe beginnt, verwenden sie zusätzlich das statische Zeichen [ˈ]. (3) illustriert die Verwendung des Zeichens [ˇ] für den *Fall-Rise* anhand der Beispiele aus (2).

(3) a. ˇHanneke   b. ˇHanna   c. ˇHans

Die *Tadpole*-Notation und die Notation mit *Tonetic stress-marks* zeigen nicht nur distinktive Tonhöhenmerkmale an, sondern zugleich auch Merkmale der Betonungsstruktur einer Äußerung. Die *Tadpole*-Notation ist intuitiv zugänglicher, da sie den Tonhöhenverlauf stärker ikonisch abbildet, sowohl hinsichtlich der Stärke der Betonung (Punktgröße) als auch hinsichtlich der Tonhöhe und der Tonhöhenverläufe (Punkthöhe und Tonhöhenverlaufsmarkierungen). Die Notation mit *Tonetic stress-marks* ist hingegen praktikabler, da sie weniger Platz beansprucht und mit dem Inventar üblicher Zeichensätze auskommt. Im Folgenden verwenden wir beide Notationen.

3.3 Nukleare und pränukleare Konturen

O'Connor und Arnold (1973) setzen für das Britische Englisch sieben nukleare Konturen an: den *Low Fall*, den *High Fall*, den *Rise-Fall*, den *Low Rise*, den *High Rise*, den *Fall-Rise* und die *Mid-Level*-Kontur. (4) illustriert vergleichbare Konturen für *Kai* und *Kai ist hier* im nördlichen Standarddeutschen.

(4)

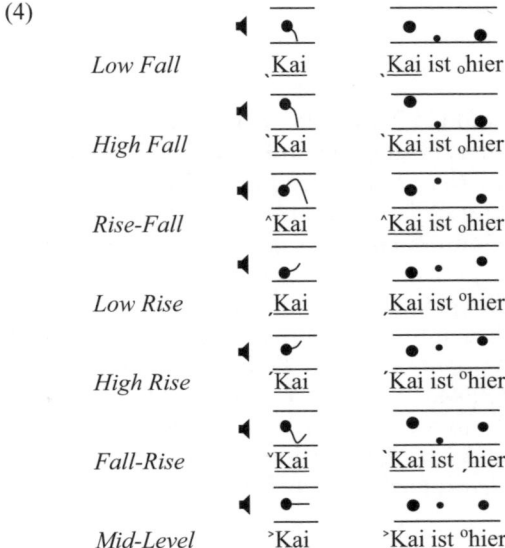

Bei *Kai* erstreckt sich die Kontur nur über den *Nucleus,* bei *Kai ist hier* über *Nucleus* und *Tail*. Betonte Silben, von denen keine Tonhöhenbewegung ausgeht, werden in der *Tadpole*-Notation von O'Connor und Arnold (1973) ebenfalls durch einen großen Punkt markiert. In der *Tonetic stress-mark*-Notation fügen O'Connor und Arnold in diesen Fällen ein Gradzeichen hinzu (°), das je nach Tonhöhe der betonten Silbe hoch oder tief notiert wird.

Nicht alle *Tadpole*-Notationen, die für das Britische Englisch vorgeschlagen werden, sind problemlos auf das Deutsche übertragbar, auch wenn das Deutsche formähnliche Konturen aufweist. Unterschiede gibt es im phonetischen Detail. So sind die für Einsilbler im Englischen vorgeschlagenen *Tadpole*-Notationen im Falle von Einsilblern mit gespanntem Vokal oder Diphthong wie im Fall von *Kai* noch weitgehend auf das Deutsche übertragbar, nicht aber im Fall von Einsilblern mit ungespanntem Vokal und stimmlosem Endrand wie z. B. bei *Max* oder *Ass*. Bei fallenden Konturen wird hier die Fallbewegung gewöhnlich abgeschnitten (s. Kap. 5.3). Beim *High Fall* könnte man diesen phonetischen Unterschied in der *Tadpole*-Notation wie in (5) ausdrücken.

(5)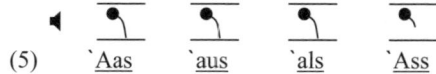

Nach O'Connor und Arnold (1973) lassen sich im Britischen Englisch vier *Head*-Typen unterscheiden: der *Low Head*, der *High Head*, der *Falling Head* und der *Rising Head*. Beim *Low Head* ist die erste pränukleare Akzentsilbe tief. Alle weiteren Silben vor dem *Nucleus* sind ebenfalls tief (6a). Beim *High Head* ist die erste pränukleare Akzentsilbe hoch. Alle weiteren Silben vor dem *Nucleus* sind ebenfalls hoch (6b). Beim *Falling Head* ist die erste pränukleare Akzentsilbe hoch. Die nachfolgenden Silben des *Head* werden zunehmend tiefer realisiert (6c). Beim *Rising Head* ist die erste pränukleare Akzentsilbe tief. Die nachfolgenden Silben des *Head* werden zunehmend höher realisiert (6d). In der Notation mit *Tonetic stress-marks* werden der *Low Head* und der *High Head* durch die Zeichen [͵] bzw. ['] markiert, der *Falling Head* und der *Rising Head* durch die Zeichen [ˋ] bzw. [ˏ].

(6) a. *Low Head + Nucleus*   b. *High Head + Nucleus*

c. *Falling Head + Nucleus*   d. *Rising Head + Nucleus*

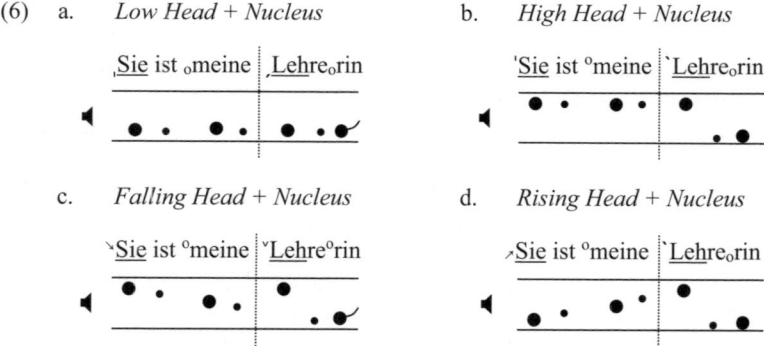

Nach O'Connor und Arnold (1973) tritt der *Low Head* im Britischen Englisch nur in Kombination mit dem *Low Rise* auf, der *High Head* in Kombination mit allen nuklearen Konturen außer dem *Fall-Rise*, der *Falling Head* nur in Kombination mit dem *Fall-Rise*, und der *Rising Head* nur in Kombination mit dem *High Fall*.

Zusätzlich unterscheiden O'Connor und Arnold (1973) zwei Typen des *Pre-head*: den *Low Pre-head* und den *High Pre-head*, die in (7) illustriert werden. Die tiefen und hohen horizontalen Striche zu Beginn der Äußerungen zeigen jeweils an, ob ein tief einsetzender *Pre-head* vorliegt (*Low Pre-head*) oder ein hoch einsetzender (*High Pre-head*).

(7) a. *Low Pre-head + Nucleus* b. *Low Pre-head + Falling Head + Nucleus*

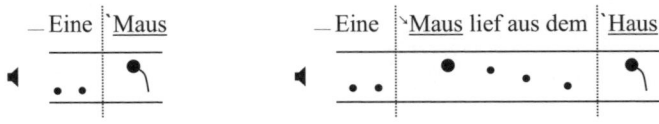

c. *High Pre-head + Nucleus* d. *High Pre-head + Rising Head + Nucleus*

Neben einfachen Konturen (*Simple Tunes*), die eine nukleare Kontur und optional eine pränukleare Kontur umfassen, wird für das Britische Englisch auch eine zusammengesetzte Kontur (*Compound Tune*) angesetzt, der *Fall plus Rise*. Diese Kontur wird als Kombination aus einem *High Fall* und einem *Low Rise* aufgefasst. Im Unterschied zum *Fall-Rise* erfordert der *Fall plus Rise* eine Trägeräußerung, die mindestens zwei Wortformen umfasst, da die Kontur auf zwei Wortakzentsilben angewiesen ist. Diese Bedingung ist in (8b) erfüllt, aber nicht in (8a).

(8) a. *Fall-Rise* b. *High Fall + Low Rise*

Eine entsprechende Kontur ist im rheinischen Sprachraum verbreitet und hat mittlerweile auch Eingang in standardnahe Varietäten gefunden (vgl. Peters 2006, Kap. 8).

Die Unterteilung von Intonationskonturen in *Pre-head*, *Head*, *Nucleus* und *Tail* erlaubt die Gruppierung von Konturen, die in einem oder zwei dieser Abschnitte übereinstimmen, zu **Tone Groups** (Konturgruppen), denen unter Bezug auf die übereinstimmenden Konturteile gemeinsame Bedeutungen zugeordnet werden. So werden z. B. Konturen, die mit einem *High Fall* enden und sich nur dadurch unterscheiden, dass dem *Nucleus* ein *Head* oder *Pre-head* vorangeht, zur Konturgruppe *High Drop* zusammengefasst. (9) illustriert einige Varianten des *High Drop*.

(9) a. Nucleus + Tail

   High Fall

b. Pre-head + Nucleus + Tail

   Low Pre-head + High Fall

c. Head + Nucleus + Tail

   High Head + High Fall

d. Pre-head + Head + Nucleus + Tail

   Low Pre-Head + High Head + High Fall

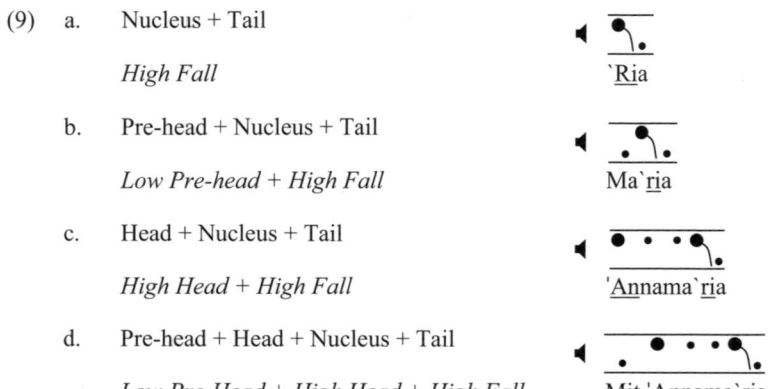

`Ria

Ma`ria

'Annama`ria

Mit 'Annama`ria

Aufgaben
a) Identifizieren Sie die nuklearen Konturen folgender Äußerungen nach Gehör:
   ◄ i. Mark ist da. (7 x)   ii. Wo ist Mark? (7x)
   Konturen: *Low Fall, High Fall, Rise-Fall, Low Rise, High Rise, Fall-Rise, Mid-Level*
b) Bestimmen Sie die *Head*-Typen folgender Äußerungen nach Gehör:
   ◄ i. Kendra spielt Saxofon. (4x)   ii. Kendra und Marie (4x)
c) Bestimmen Sie die *Pre-Head*-Typen folgender Äußerungen nach Gehör:
   ◄ i. Sie mag Jérôme. (4x)   ii. Jérôme (4x)
d) Sprechen Sie die Konturen in a) - c) nach und lassen Sie Ihre Zuhörer/innen raten, welche Äußerung Sie gewählt haben.
e) Notieren Sie die gehörten Konturen in Aufgabe a) - c) in der *Tadpole*-Notation und mit *Tonetic stress-marks*.
f) Segmentieren Sie die folgenden Äußerungen in *Pre-Head, Head, Nucleus* und *Tail* und bestimmen Sie die nuklearen Konturen und die *Head*- und *Pre-Head*-Typen:

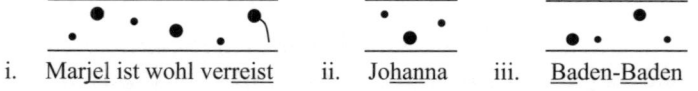

i. Marjel ist wohl verreist   ii. Johanna   iii. Baden-Baden

Grundbegriffe: Tune, Word Group, Nucleus, Tail, nukleare Kontur, *Head, Pre-Head, Tone Group.*

Weiterführende Literatur: Cruttenden 1995, Wells 2006; Anwendungen auf das Deutsche: Pheby 1981, Fox 1984; für eine alternative traditionelle Darstellung zum Deutschen s. Stock 1996.

4 Autosegmental-metrische Intonationsanalyse

4.1 Tonsequenzmodell

Die Mehrzahl moderner Intonationsanalysen beruht auf den Grundannahmen der **Autosegmental-metrischen Phonologie** (AM-Phonologie), die durch Arbeiten von Leben (1973), Liberman (1975), Goldsmith (1976), Bruce (1977), Pierrehumbert (1980), Gussenhoven (1984) und Beckman und Pierrehumbert (1986) geprägt wurde, die aber auch Ideen aus der Britischen Schule und dem Amerikanischen Strukturalismus, insbesondere von Pike (1945), aufgenommen hat.

In der AM-Phonologie werden Intonationskonturen nicht wie in der Britischen Schule als Kombinationen lokaler Tonhöhenbewegungen wie *Falls* und *Rises* repräsentiert, sondern als Sequenzen statischer Töne. Diese Töne spezifizieren hohe und tiefe **phonetische Zielpunkte** (*phonetic targets*), die als lokale Tonhöhenstufen (*pitch levels*) aufgefasst werden. Der Tonhöhenverlauf einer Äußerung lässt sich als eine Folge von solchen Zielpunkten und von Übergängen (*transitions*) zwischen diesen Zielpunkten beschreiben. Die Übergänge zwischen zwei Tönen ergeben sich aus einer linearen Interpolation zwischen den jeweiligen Zielpunkten, graphisch dargestellt durch gerade Verbindungslinien. Diese Art der Repräsentation von Tonhöhenverläufen wird als **Tonsequenzmodell** bezeichnet.

Eine Grundannahme der AM-Phonologie besteht darin, dass mit dem Tonsequenzmodell alle phonologisch relevanten kategorialen Eigenschaften individueller Tonhöhenverläufe erfasst werden. Phonologisch relevant sind alle Eigenschaften, die zur Identifizierung derjenigen Typen von Tonhöhenverläufen benötigt werden, die in einer Sprache unterschiedliche sprachliche Funktionen erfüllen. Tatsächlich lässt sich mithilfe synthetisierter Grundfrequenzverläufe zeigen, dass bei Reduktion eines individuellen Grundfrequenzverlaufs auf eine Sequenz geeigneter phonetischer Zielpunkte mit linearen Übergängen zwischen diesen Zielpunkten die ‚gleiche' Kontur gehört wird. Abbildung 5 illustriert eine solche Resynthese für die Äußerung *Sie ist eine Oldenburgerin*. Links ist der originale f_0-Verlauf zu sehen. Die schwarzen Punkte entsprechen einzelnen Messpunkten. Rechts ist der resynthetisierte f_0-Verlauf wiedergegeben (der f_0-Verlauf der Originaläußerung wurde nachträglich verändert). Darunter folgt der Verlauf in stilisierter Form, bestehend aus den für die Resynthese gewählten phonetischen Zielpunkten (angezeigt durch schwarze Punkte) und geraden Verbindungslinien. Die Buchstaben H (*high*) und L (*low*) bezeichnen hohe und tiefe Töne, d. h. Töne, die einen hohen bzw. tiefen phonetischen Zielpunkt spezifizieren. Hoch oder tief sind diese Zielpunkte relativ zu ihren benachbarten Tönen. Die zugehörige Tondatei lässt zuerst die originale und dann die resynthetisierte Äußerung hören.

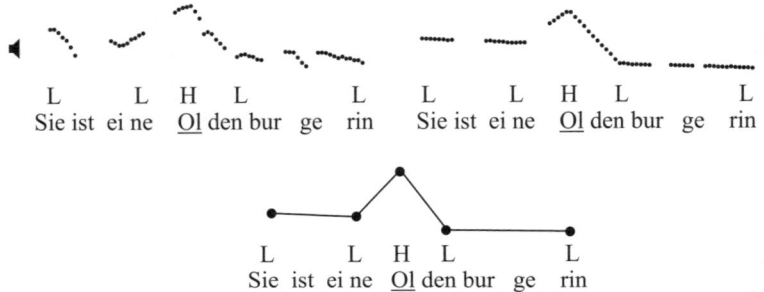

Abb. 5 f_0-Verlauf der Originaläußerung (oben links), der Äußerung mit resynthetisiertem f_0-Verlauf (oben rechts) und stilisierte Darstellung (unten).

Mit dem Tonsequenzmodell ist die Annahme verbunden, dass in Intonationssprachen wie dem Deutschen oder Englischen der Tonhöhenverlauf einer Äußerung *tonal unterspezifiziert* ist. Jede Silbe einer Äußerung wird mit einer bestimmten Tonhöhe realisiert, aber nicht für jede Silbe ist die Tonhöhe durch einen eigenen Ton spezifiziert. In der Terminologie des Tonsequenzmodells bedeutet dies, dass nicht auf jeder Silbe ein eigener phonetischer Zielpunkt für den Tonhöhenverlauf (bzw. den f_0-Verlauf) auftreten muss. In (1) wird die Repräsentation des Tonhöhenverlaufs, bei der jeder Silbe ein Ton zugewiesen ist (a), mit einer Repräsentation im Sinne des Tonsequenzmodells verglichen (b). Die in Abbildung 5 beobachtbare Neigung des f_0-Verlaufs, die auch als Deklination bezeichnet wird (s. Kap. 5.1), ignorieren wir vorläufig.

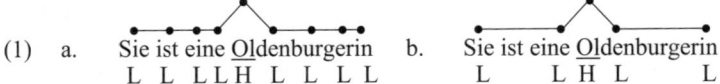

(1) a. Sie ist eine Oldenburgerin b. Sie ist eine Oldenburgerin
       L L LLH L L LL   L   L H L   L

In (1a) erhält jede Silbe einen hohen oder tiefen phonetischen Zielpunkt. In (1b) erhalten nur solche Silben einen phonetischen Zielpunkt, deren Tonhöhe nicht aufgrund der Tonhöhe anderer Silben bestimmt werden kann. Dass die Silben *ist*, *ei*, *bur* und *ge* tief realisiert werden, ergibt sich in (1a) aus der Präsenz tiefer Töne im

Bereich dieser Silben, in (1b) aus der Interpolation zwischen den tiefen Zielpunkten im Bereich benachbarter Silben.

Die Vorteile der Annahme einer tonalen Unterspezifikation soll an zwei Beispielen illustriert werden. In (2) trägt die erste Silbe einen hohen Akzent. Danach sinkt die Tonhöhe kontinuierlich ab. Hier stellt sich für die Repräsentation ohne Unterspezifikation in (2a) die Frage, durch welche Töne die halbhohen Tonhöhenwerte auf der 2. und 3. Silbe repräsentiert werden sollen. Im Tonsequenzmodell (2b) ergeben sich die Tonhöhenwerte für die 2. und 3. Silbe durch Interpolation zwischen den benachbarten Tönen.

(2) a. Ist sie eine Oldenburgerin   b. Ist sie eine Oldenburgerin
       H ? ? L H L L L L   H   L H L   L

Ein weiterer Vorteil der Annahme tonaler Unterspezifikation besteht darin, dass sie bei der tonalen Repräsentation die Unterscheidung zwischen funktional relevanter und funktional irrelevanter Information erleichtert. In (3) unterscheiden sich die Tonhöhenverläufe links und rechts durch die Anzahl der Silben, die vor dem ersten und zweiten Tonhöhengipfel auftreten. Trotzdem nehmen wir die beiden Tonhöhenverläufe als Realisierungen der gleichen Kontur wahr. Die Tonhöhenverläufe in (3a) und (3a') unterscheiden sich hingegen von denen in (3b) und (3b') in der Richtung des finalen Tonhöhenverlaufs. Wir nehmen sie als Realisierungen unterschiedlicher Konturen wahr. Wird die Tonhöhe auf jeder Silbe durch einen eigenen Ton spezifiziert, wie das in (3) geschieht, erhalten wir für die vier Äußerungen vier unterschiedliche Tonsequenzen. Wenn wir die Tonhöhenverläufe hingegen im Sinne des Tonsequenzmodells repräsentieren wie in (4), erhalten wir nur für diejenigen Tonhöhenverläufe unterschiedliche Tonsequenzen, die sich in phonologischer Hinsicht unterscheiden und somit auch potenziell unterschiedliche Funktionen erfüllen, nämlich für (4a) und (4b) sowie für (4a') und (4b').

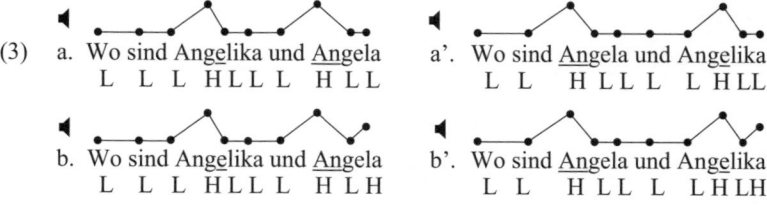

(3) a. Wo sind Angelika und Angela   a'. Wo sind Angela und Angelika
       L L L H L L L   H L L   L L   H L L L L H L L

    b. Wo sind Angelika und Angela   b'. Wo sind Angela und Angelika
       L L L H L L L   H L H   L L   H L L L L H L H

(4)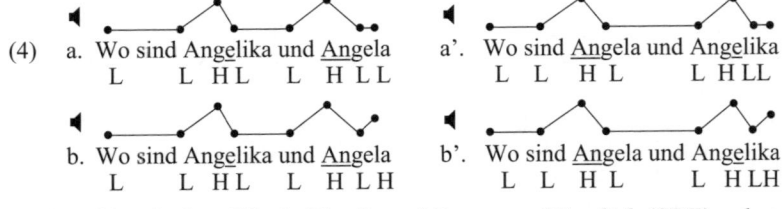
a. Wo sind Angelika und Angela
　　L　　L HL　L　HLL
a'. Wo sind Angela und Angelika
　　L　L　HL　　L HLL
b. Wo sind Angelika und Angela
　　L　　L HL　L　HLH
b'. Wo sind Angela und Angelika
　　L　L　HL　　L HLH

In dem klassischen Werk *The Sound Pattern of English* (SPE) sehen Chomsky und Halle (1968) noch vor, dass prosodische Merkmale analog zu segmentalen Merkmalen behandelt werden. Die phonologische Repräsentation einer Äußerung umfasst Sequenzen von Segmenten, denen Bündel von Merkmalen zugeordnet werden, die nicht nur lautliche Merkmale, sondern auch prosodische Merkmale unter Einschluss von Tonhöhenmerkmalen umfassen. In diesem Sinne sind phonologische Repräsentationen in SPE *linear*. Autosegmental-metrische Repräsentationen sind demgegenüber *nicht-linear* oder *multilinear*, da Töne und Laute auf unterschiedlichen Ebenen oder Lagen (*Tiers*) repräsentiert werden, auf einer Tonebene und einer Lautebene. *Autosegmental* heißen diese Repräsentationen, weil die Töne auf der Tonebene als eigene Segmente, als **Autosegmente**, fungieren. *Metrisch* sind sie insofern, als Töne mit metrisch organisierten Einheiten der lautlichen Ebene wie Silben oder Intonationsphrasen assoziiert oder an ihren Rändern ausgerichtet sind.

4.2　Phrasierung und tonale Struktur

Jeder Abschnitt einer Äußerung, der eine eigene Intonationskontur trägt, bildet eine **Intonationsphrase** (*intonational phrase*, IP) (Kap. 8.1). Deren Grenzen werden im Folgenden durch geschweifte Klammern angezeigt.

Eine syntaktische Phrase kann auf unterschiedlich viele Intonationsphrasen verteilt werden, wie die Beispiele in (5) illustrieren.

(5)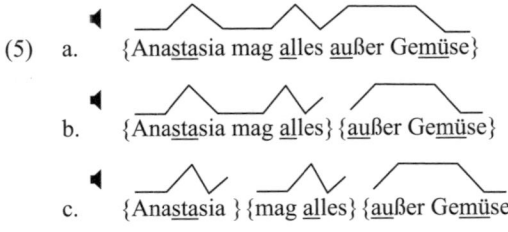
a.　{Anastasia mag alles außer Gemüse}

b.　{Anastasia mag alles} {außer Gemüse}

c.　{Anastasia } {mag alles} {außer Gemüse}

Intonationsphrasen können ferner in größeren Phrasen organisiert sein: in **Äußerungsphrasen** (*utterance phrase*, UP) und **prosodischen Paragraphen** (*prosodic paragraph*, PPa) (s. Kap. 8.2.-8.3). Im klassischen AM-Modell werden seit Beckman und Pierrehumbert (1986) zusätzlich **intermediäre Phrasen** (ip, *intermediate phrase*) angenommen. Jede IP umfasst eine oder mehrere solcher Phrasen. In der vorliegenden Darstellung bleiben intermediäre Phrasen unberücksichtigt.

Für Intonationssprachen wie das Deutsche oder Englische werden zwei Tonqualitäten angesetzt: hoch (*high*) und tief (*low*). Entsprechend wird zwischen **Hochtönen** (H) und **Tieftönen** (L) unterschieden. Aufgrund ihrer strukturellen Position innerhalb der IP lassen sich ferner drei Tonklassen unterscheiden:

- **Akzenttöne** sind Töne, die an das Auftreten von Akzentsilben gebunden sind und in der Regel zeitgleich mit diesen Akzentsilben auftreten. Sie werden durch einen Stern gekennzeichnet (H*, L*) und deshalb auch als gesternte Töne (*starred tones*) bezeichnet.
- **Begleittöne** sind Töne, die immer nur zusammen mit einem Akzentton auftreten, aber nicht notwendig auf der zugehörigen Akzentsilbe. Je nachdem, ob ein Begleitton einem Akzentton vorangeht oder folgt, handelt es sich um einen **Leitton** (*leading tone*) oder um einen **Folgeton** (*trailing tone*). Akzenttöne bilden zusammen mit ihren Begleittönen **Tonhöhenakzente** (*pitch accents*) und damit eine besondere Form phonologischer Akzente (s. Kap. 1.2).
- **Grenztöne** (*boundary tones, edge tones*) sind Töne, die an das Auftreten prosodischer Phrasen wie der IP gebunden sind. Die initialen Grenztöne (%H, %L) treten am vorderen Rand einer IP auf, die finalen Grenztöne (H%, L%) am hinteren Rand.

Im klassischen AM-Modell werden seit Bruce (1977) und Pierrehumbert (1980) ferner **Phrasentöne** (*phrase tones*) oder **Phrasenakzente** (*phrase accents*) angesetzt, die ebenfalls an das Vorhandensein einer Phrasengrenze gebunden sind, aber nicht notwendig an deren Grenzen realisiert werden. So geht im klassischen AM-Modell mit jeder intermediären Phrase ein eigener Phrasenton bzw. Phrasenakzent einher. Die folgenden Analysen kommen mit Akzenttönen, Begleittönen und Grenztönen aus (zur Vertiefung vgl. den Exkurs in Kap. 4.3).

Tonhöhenakzente können unterschiedlich komplex sein. In Intonationsbeschreibungen werden **monotonale** Akzente angesetzt wie H* oder L*, **bitonale** Akzente wie H*L oder L*H (im klassischen

Modell werden sie als H*+L und L*+H notiert), und bisweilen auch **tritonale** Akzente wie LH*L.

Wie in der Britischen Schule (Kap. 3) können wir auch im AM-Modell zwischen nuklearen und pränuklearen Akzenten sowie zwischen nuklearen und pränuklearen Konturen unterscheiden. Ein **nuklearer Akzent** ist derjenige Tonhöhenakzent, der den einzigen obligatorischen Fokusakzent einer IP realisiert. Jede IP weist entsprechend nur einen nuklearen Akzent auf. Die Silbe, die den nuklearen Akzent trägt, heißt **nukleare Akzentsilbe**. Als **pränukleare Akzente** werden diejenigen Akzente bezeichnet, die dem nuklearen Akzent innerhalb einer IP vorangehen. In der Regel ist die nukleare Akzentsilbe die letzte Akzentsilbe der IP und der nukleare Akzent der letzte Tonhöhenakzent. Der Abschnitt einer Intonationskontur, der von der nuklearen Silbe bis zum Ende der IP reicht, bildet die **nukleare Kontur** dieser IP, der Abschnitt, der der nuklearen Kontur innerhalb derselben IP vorangeht, die **pränukleare Kontur**.

(6) illustriert die Repräsentation einer Äußerung unter Bezug auf Akzenttöne, Begleittöne und Grenztöne.

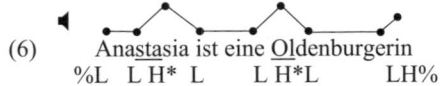

(6)   Ana<u>sta</u>sia ist eine <u>Ol</u>denburgerin
      %L   L H* L   L H*L   LH%

Die tonale Repräsentation der Äußerung in (6) umfasst einen vorderen Grenzton (%L), einen pränuklearen Akzent (H*L), einen nuklearen Akzent (H*L) und einen hinteren Grenzton (H%). Damit sind 6 der 9 Töne in (6) erfasst. Welchen Status aber haben der zweite, vierte und sechste L-Ton?

Im AM-Modell wird angenommen, dass ein Ton mehr als einen phonetischen Zielpunkt spezifizieren kann, sodass nicht jeder phonetische Zielpunkt auf einen eigenen Ton zurückgeht. Spezifiziert ein Ton mehr als einen Zielpunkt, spricht man von **Tonausbreitung** (*tonal spreading*). Wenn wir in (6) Tonausbreitung überall dort annehmen, wo zwei benachbarte phonetische Zielpunkte die gleiche Tonqualität aufweisen (hoch oder tief), so erhalten wir die Repräsentation in (7). Tonausbreitung wird hier durch Pfeile angezeigt. „L→" bedeutet, dass der betreffende L-Ton einen weiteren tiefen Zielpunkt spezifiziert, der auf den Zielpunkt folgt, unter dem der L-Ton notiert ist.

(7)   Ana<u>sta</u>sia ist eine <u>Ol</u>denburgerin
      %L→   H* L→   H*L→   H%

Ob wir die tiefen Plateaus wie in (6) auf jeweils zwei L-Töne zurückführen oder wie in (7) auf jeweils einen L-Ton, der zwei phonetische Zielpunkte spezifiziert, hat in dem Beschreibungsmodell, das hier zugrunde gelegt wird, unterschiedliche Konsequenzen. Zwei hohe oder tiefe phonetische Zielpunkte, die auf zwei gleiche Töne zurückgehen, können einem Deklinationstrend unterliegen, dem graduellen Absinken der Tonhöhe innerhalb einer IP (s. Kap. 5.1). Für zwei Zielpunkte, die aufgrund von Tonausbreitung auf nur einen Ton zurückgehen, gilt das nicht, zumindest nicht, wenn sie im Rahmen der nuklearen Kontur auftreten. Deshalb werden im Folgenden alle Plateaus, die in nuklearen Konturen auftreten, auf Tonausbreitung zurückgeführt.

Tonhöhenakzente können in abgewandelter Form auftreten, womit zusätzliche semantische Aspekte ins Spiel kommen. Eine solche Akzentmodifikation stellt im Deutschen der sog. **Downstep** dar, die ‚Herabstufung' eines Tonhöhenakzents. Herabgestufte Akzente werden tiefer als gewöhnlich realisiert. Betroffen sind nur Akzente, die einen H-Ton enthalten, also H*, H*L oder L*H, und die Herabstufung erfolgt in der Regel relativ zu einem vorangehenden H-Ton. Die Herabstufung wird im Folgenden mit einem vorangestellten Ausrufezeichen angezeigt. (8a) illustriert einen nuklear fallenden Akzent ohne *Downstep*, (8b) den gleichen Akzent mit *Downstep*.

(8) a. Angelika und Angela   b. Angelika und Angela
         %L   H*L→   H*L L%   %L   H*L→   !H*L L%

Umgekehrt können Töne oder Tonhöhenakzente *heraufgestuft* werden, was als **Upstep** bezeichnet wird. *Downstep* und *Upstep* haben weitergehende Auswirkungen auf die Skalierung der Töne einer Kontur. Wir kommen auf sie in Kap. 5.1 zurück.

4.3 Exkurs: Autosegmental-metrische Beschreibungsmodelle

Aus der klassischen autosegmental-metrischen Beschreibung der Intonation des Englischen durch Pierrehumbert (1980) und Beckman und Pierrehumbert (1986) ist später das Notationssystem ToBI (*Tone and Break Indices*) hervorgangen, das anschließend für verschiedene Sprachen adaptiert wurde (Beckman & Ayers 1997, Jun 2005, 2014). ToBI wurde auch für das Standarddeutsche adaptiert und ist unter der Abkürzung GToBI (*German Tone and Break Indices*) bekannt (Grice & Baumann 2002, 2016, Grice, Baumann & Benzmüller 2005).

Ein alternatives autosegmental-metrisches Notationssystem ist ToDI (*Transcription of Dutch Intonation*), das ursprünglich für das Niederländische entwickelt wurde (vgl. Gussenhoven 2005, Gussenhoven, Rietveld & Terken 2003). Anwendungen auf das Englische finden sich bei Gussenhoven (2004, Kap. 14-15), auf das Deutsche bei Peters (2006, 2016, 2018) und Fuhrhop und Peters (2013). Es bildet auch die Grundlage der vorliegenden Darstellung.

Im Folgenden werden die wichtigsten Unterschiede zwischen ToBI- und ToDI-basierten Repräsentationen angedeutet. Dieser Abschnitt ist zur Vertiefung für fortgeschrittene Leser/innen gedacht, die mit den klassischen ToBI-basierten Beschreibungsmodellen wie GToBI vertraut sind, und kann beim ersten Lesen übersprungen werden. Da hinter ToBI- und ToDI-Notationen aber alternative phonologische Theorien über die tonalen Strukturen des Englischen und verwandter Sprachen stehen, ist es sinnvoll, sich früher oder später mit beiden Notationssystemen vertraut zu machen.

Tabelle 1 illustriert die wichtigsten Unterschiede zwischen ToBI und ToDI anhand ausgewählter nuklearer Konturen des Englischen. Die ersten fünf Konturen finden sich bereits bei O'Connor und Arnold (1973). Die Termini für die übrigen Konturen wurden von Ladd (2008: 91) übernommen. Die rechteckigen Kästen in der linken Spalte deuten die Position der nuklearen Akzentsilbe an. Die Audiodateien illustrieren die Konturen anhand der Äußerung *Seventy*.

Tab. 1. Notation ausgewählter nuklearer Konturen des Englischen.

Kontur	Britische Schule	ToBI	ToDI
	High Fall[1]	H* L-L%	H*L L%
	Low Fall[1]	!H* L-L%	!H*L L%
	Fall-Rise[1]	H* L-H%	H*L H%
	High Rise[1]	H* H-H%	H* H%
	Low Rise[1]	L* H-H%	L*H H%
	Stylised Fall	H*+L H-L%	H*L 0%
	Stylised High Rise	H* H-L%	H* 0%
	Stylised Low Rise	L*+H H-L%	L*H 0%

[1]Konturen nach O'Connor und Arnold (1973).

ToBI und ToDI stellen zwar unterschiedliche Notationssysteme dar, sie verwenden aber ähnliche Notationskonventionen, und die einzelnen Notationen lassen sich mit Einschränkungen leicht ineinander überführen. Hinter ToBI- und ToDI-Notationen stehen allerdings unterschiedliche Auffassungen über die tonale Struktur von Intonationssprachen wie dem Englischen, Niederländischen und Deutschen. Zu den wichtigsten Unterschieden gehören:

(i) *Phrasentöne und Folgetöne.* Tonhöhenbewegungen nach der nuklearen Akzentsilbe werden in ToBI durch hohe und tiefe Phrasentöne (H-, L-) repräsentiert, also durch Töne, die nicht zu einem Tonhöhenakzent gehören, in ToDI durch Folgetöne (*trailing tones*) und damit durch Töne, die zum gleichen Tonhöhenakzent gehören wie der vorangehende Akzentton. Beim *High Fall*, *Low Fall* und *Fall-Rise* in Tabelle 1 wird die fallende Tonhöhenbewegung in ToBI auf einen tiefen Phrasenton (L-) zurückgeführt, in ToDI auf einen tiefen Folgeton. Im Falle des *Low Rise* in Tabelle 1 wird die steigende Tonhöhenbewegung in ToBI auf einen hohen Phrasenton (H-) zurückgeführt, in ToDI auf einen hohen Folgeton. Da nach ToBI mit der Intonationsphrase (IP) immer auch eine intermediäre Phrase (ip) endet, weist jede nukleare Kontur in ToBI einen Phrasenton auf, was sich an den Konturen in Tabelle 1 überprüfen lässt.

(ii) *Upstep von H%.* Die zusätzliche finale Anstiegsbewegung beim *High Rise* und beim *Low Rise* in Tabelle 1 wird sowohl in ToBI als auch in ToDI auf *Upstep* von H% nach einem Hochton zurückgeführt. In ToBI ist dieser vorangehende Hochton ein Phrasenton, in ToDI beim *High Rise* der Akzentton, beim *Low Rise* der Folgeton. Sowohl in ToBI als auch in ToDI erfolgt *Upstep* automatisch, sobald ein finaler Grenzton nach einem Hochton auftritt, und wird auf eine entsprechende phonetische Implementierungsregel zurückgeführt.

(iii) *Plateaukonturen.* Die finalen Tonhöhenplateaus beim *Stylised Fall*, beim *Stylised High Rise* und beim *Stylised Low Rise* werden in ToBI auf *Upstep* von L% nach einem H-Ton zurückgeführt. In ToDI beruht die Plateaubildung auf der *Ausbreitung* des letzten Tones des nuklearen Akzents, d. h. dieser Ton spezifiziert zusätzlich den letzten Zielpunkt an der hinteren IP-Grenze, ohne dass ein Grenzton folgt (*tonal spreading*). Das Fehlen des Grenztons wird durch 0%, manchmal auch nur durch % angezeigt (vgl. Grabe 1998).

(iv) *Stylised Fall.* Das halbhohe Plateau beim *Stylised Fall* wird in ToBI auf *Downstep* eines hohen Phrasentons zurückgeführt, der durch den H*+L-Akzent getriggert wird. In ToDI wird der Umstand, dass der tiefe Folgeton in H*L0% höher als in H*LL% realisiert wird, darauf zurückgeführt, dass der finale tiefe Zielpunkt nicht auf

33

einen eigenen finalen Grenzton zurückgeht, sondern auf Tonausbreitung. Dem Rückgriff auf Phrasentöne für die Repräsentation nuklearer Tonhöhenverläufe in ToBI liegt ein grundlegenderer Unterschied zwischen ToBI- und ToDI-Repräsentationen zugrunde, der die Verwendung bitonaler Akzente und insbesondere den Status von Folgetönen betrifft. Mit Gussenhoven (2004: 127f) lässt sich dieser Unterschied als Präferenz für eine *On-ramp*-Analyse bzw. für eine *Off-ramp*-Analyse verstehen. In ToBI erfassen bitonale Tonhöhenakzente diejenige Tonhöhenbewegung, die auf die Akzentsilbe hinführt (*On-ramp*-Analyse). In ToDI erfassen bitonale Akzente diejenige Tonhöhenbewegung, die von der Akzentsilbe wegführt (*Off-ramp*-Analyse). Den Unterschied illustriert (9) anhand der Äußerung aus (7):

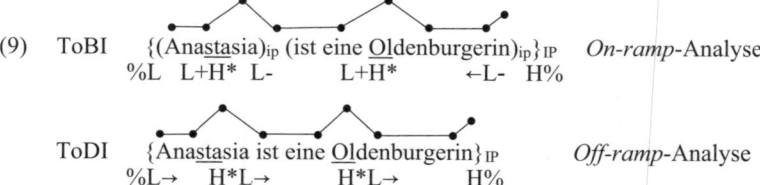

(9) ToBI   {(Ana<u>sta</u>sia)_{ip} (ist eine <u>Ol</u>denburgerin)_{ip}}_{IP}   *On-ramp*-Analyse
        %L   L+H* L-   L+H*   ←L-   H%

    ToDI   {Ana<u>sta</u>sia ist eine <u>Ol</u>denburgerin}_{IP}   *Off-ramp*-Analyse
        %L→   H*L→   H*L→   H%

Die *Off-ramp*-Analyse knüpft an die Tradition der Britischen Schule an. Nach O'Connor und Arnold (1973) müsste die Kontur als Variante des *Low Pre-Head + Falling Head + Fall-Rise* analysiert werden. Der *Low Pre-Head* endet auf der letzten Silbe vor der ersten Akzentsilbe. *Falling Head* und *Fall-Rise* beziehen sich auf den Tonhöhenverlauf, der von der pränuklearen bzw. nuklearen Akzentsilbe wegführt, nicht auf sie hinführt. Grundlegend für die unterschiedlichen Analysen in ToBI und ToDI ist eine unterschiedliche Definition des Folgetons. Nach ToBI ist ein Folgeton (notiert als +L oder +H) ein Ton, der nur zusammen mit einem Akzentton auftritt *und* diesem unmittelbar nachfolgt. Ein Phrasenton wird demgegenüber unabhängig vom Akzentton ausgerichtet. In ToDI ist das einzige Kennzeichen eines Folgetons seine strukturelle Abhängigkeit von der Präsenz eines Akzenttons. Seine zeitliche Ausrichtung ist sprachspezifisch geregelt. Er kann an dem vorangehenden Akzentton ausgerichtet sein und demzufolge in einem festen Abstand zum Akzentton auftreten, er kann aber auch an der Grenze einer prosodischen Einheit ausgerichtet sein. In ToDI lassen sich Varietäten einer Sprache, die sich nur in der Ausrichtung der Fallbewegung der fallenden Kontur unterscheiden (Ausrichtung an einer betonten Silbe oder unabhängige Ausrichtung), durch die gleiche Kontur (H*LL%) repräsentieren. In

ToBI würde dieser phonetische Unterschied in der phonetischen Realisierung zu unterschiedlichen Repräsentationen führen (H* L-L% und H*+L L-L%) (s. Peters, Hanssen & Gussenhoven 2015).

Aufgaben
a) Identifizieren Sie die Konturen folgender Äußerungen nach Gehör:
◀ i. Mark ist da. (8x)   ii. Wo ist Mark? (8x)
Konturen:
i. H*LL%   ii. H*LH%   iii. H* H%   iv. H* 0%
v. L*HH%   vi. L*H0%   vii. L* H%   viii. !H*LL%
b) Identifizieren Sie die Konturen folgender Äußerungen nach Gehör:
◀ i. Sie mag Jérôme. (4x)   ii. Jérôme? (4x)
Konturen:
i. %L H*LL%   ii. %H !H*LL%   iii. %L L*HH%   iv. %H L*HH%
c) Identifizieren Sie die Konturen folgender Äußerungen nach Gehör:
◀ i. Kendra spielt Saxofon. (6x)   ii. Kendra und Marie. (6x)
Konturen:
i. %L H*L H*LL%   ii. %LH* H*LL%   iii. %LH*L !H*LL%
iv. %L L* H*LL%   v. %L H* H* H%   vi. %LH* L*HH%
d) Sprechen Sie die Äußerungen in a) - c) mit den jeweils angegebenen Konturen in wechselnder Reihenfolge und lassen Sie Ihre Zuhörer/innen raten, welche Kontur Sie gewählt haben.
e) Zeichnen Sie stilisierte Tonhöhenverläufe zu folgenden Konturen:
i. %LH*LH%   ii. %LL*HH%   iii. %LH* H%   iv. %LH*L0%
v. %HL* H*LL%   vi. %LH*L H*LH%   vii. %L H* !H*LL%
f) Geben Sie tonale Repräsentationen für folgende nukleare Tonhöhenverläufe:

i.   ii.   iii.   iv.   v.

Grundbegriffe: Autosegmental-Metrische Phonologie, phonetischer Zielpunkt, Tonsequenzmodell, Autosegment, Intonationsphrase, Äußerungsphrase, prosodischer Paragraph, intermediäre Phrase, Akzentton, Begleitton, Leitton, Folgeton, Tonhöhenakzent, Grenzton, Phrasenton, Phrasenakzent, monotonaler Akzent, bitonaler Akzent, tritonaler Akzent, nuklearer Akzent, nukleare Akzentsilbe, pränuklearer Akzent, nukleare Kontur, pränukleare Kontur, Tonausbreitung, *Downstep*, *Upstep*.

Weiterführende Literatur: Ladd 2008, Gussenhoven 2004, Grice & Baumann 2002, 2016, Grice et al. 2000, 2005. Für Tutorials zu ToBI und ToDI siehe Beckman & Ayers 1997 sowie Gussenhoven, Rietveld & Terken 2003. Zu Modellen, die weder der Britischen Schule folgen noch die Annahmen der Tonsequenzanalyse teilen, gehören das IPO-Modell ('t Hart, Collier & Cohen 1990), das Fujisaki-Modell (Möbius 1993, Mixdorff 1998), und das Kieler Intonationsmodell KIM (Kohler 1991a, Niebuhr 2007).

5 Phonetische Realisierung von Intonationskonturen

Autosegmental-metrische Repräsentationen liefern uns Tonsequenzen, die distinktive Tonhöheneigenschaften einer Äußerung repräsentieren. Für die Identifizierung solcher Tonhöheneigenschaften müssen wir von der individuellen Variation der Tonhöhe bzw. der Grundfrequenz (f_0) abstrahieren. Eine solche Variation tritt sowohl zwischen den Äußerungen unterschiedlicher Sprecher/innen auf als auch zwischen den Äußerungen der gleichen Sprecher/innen. Abbildung 6 illustriert diese Variation anhand von übereinander gelegten f_0-Verläufen von je drei Wiederholungen des Satzes *Sie ist eine Oldenburgerin* durch eine Sprecherin (oben) und einen Sprecher (unten).

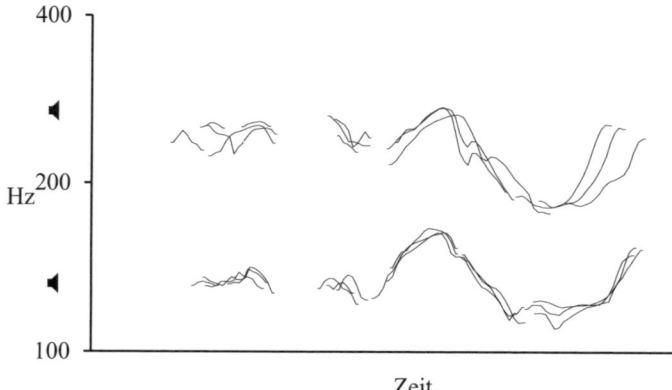

Abb. 6. f_0-Verläufe der Äußerung *Sie ist eine Oldenburgerin*. Drei Wiederholungen der gleichen Sprecherin (oben) und des gleichen Sprechers (unten). Hz-Werte in logarithmischer Darstellung.

Wie kommen wir nun von individuellen f_0-Verläufen zu abstrakten Tonsequenzen? Wie kommt es, dass wir alle sechs f_0-Verläufe in Abbildung 6 als Realisierungen der gleichen nuklearen Kontur, in diesem Fall des *Fall-Rise*, wahrnehmen?

Die phonetische Realisierung einer Intonationskontur ist durch eine Folge abstrakter Töne nur unzureichend bestimmt. Im Tonsequenzmodell (Kap. 4.1) spezifizieren Töne abstrakte Tonhöhenstufen, die im Rahmen der phonetischen Implementierung erst in phonetische Zielpunkte übersetzt werden müssen. Wie dies geschieht, hängt nicht nur von der Wahl des Tones und der strukturellen Position dieses Tones in der Tonsequenz ab.

Für jede Sprache lassen sich phonetische Implementierungsregeln formulieren, nach denen Tonsequenzen in einem gegebenen Äußerungskontext phonetisch realisiert werden. Diese Regeln müssen zwei Formen der Variation individueller f_0-Verläufe Rechnung tragen: der *Variation im Frequenzbereich* und der *Variation im Zeitbereich*. Im Rahmen des Tonsequenzmodells wird die Variation im Frequenzbereich auf eine unterschiedliche *Skalierung* tonaler Zielpunkte zurückgeführt und die Variation im Zeitbereich auf das *Timing* dieser Zielpunkte. Hinzu kommt Variation, die aus der Gestaltung der Übergänge zwischen diesen Zielpunkten resultiert. Phonetische Implementierungsregeln bestimmen, wie tonale Zielpunkte und ihre Übergänge bei variabler Äußerungsgestalt phonetisch realisiert werden. Sie dienen aber auch der Umsetzung systematischer, kontinuierlicher Variation, die für die Äußerungsinterpretation relevant ist, etwa der Anhebung von Akzentgipfeln unter Emphase.

5.1 Variation im Frequenzbereich

Zur Erfassung der Variation von f_0-Verläufen im Frequenzbereich unterscheiden wir im Rahmen des Tonsequenzmodells zwischen zwei Aspekten der Skalierung phonologischer Töne: der *Tonqualität* (H vs. L) und dem *Bezugsbereich*. Als Bezugsbereich für phonologische Töne dienen zum einen die benachbarten Töne: Ein H- oder L-Ton ist hoch bzw. tief *relativ zu* einem benachbarten Ton. Zum anderen kann eine Tonfolge als hoch oder tief relativ zu einem gegebenen Frequenzbereich realisiert werden. Mindestens vier Bezugsbereiche für die Skalierung von Tönen lassen sich unterscheiden: der Stimmumfang, das stimmliche Register, das tonale Register und der tonale Bezugsbereich.

Der **anatomisch-physiologische Stimmumfang** (*vocal range*) ist der Frequenzbereich, der den einzelnen Sprecherinnen und Sprechern für die Gestaltung stimmlicher Äußerungen zur Verfügung steht. Er ist von den anatomischen Gegebenheiten abhängig, insbesondere von der Länge und Masse der Stimmlippen. So liegt der Stimmumfang von Kindern, deren Stimmlippen kürzer sind und über weniger Masse verfügen, in einem höheren Frequenzbereich als der von Erwachsenen. Aus den gleichen Gründen liegt der Stimmumfang von Frauen meist höher als der von Männern.

Das **stimmliche Register** (*vocal register*) ist ein Bereich innerhalb des anatomisch-physiologischen Stimmumfangs, in dem die Tonhöhe bei weitgehend gleichartigem Schwingungsverhalten der

Stimmlippen variiert werden kann. Gewöhnlich unterscheidet man zwischen einem mittleren Register (*modal voice*), das die sog. Bruststimme umfasst und für das normale Sprechen verwendet wird, der Kopfstimme (*falsetto*) im oberen Bereich des Stimmumfangs, bei dem die Stimmlippen nur an ihren äußeren Rändern schwingen, und der Knarrstimme im unteren Bereich des Stimmumfangs (*creaky voice, vocal fry*), die durch weniger regelmäßige Schwingungen der weniger gespannten Stimmlippen gekennzeichnet ist.

Vom stimmlichen Register, das sich auf den Phonationsmodus bezieht, unterscheiden wir ein **tonales Register** (*pitch register, key*). Darunter verstehen wir den Tonhöhenbereich, der für eine Äußerung oder eine Äußerungssequenz genutzt wird. So kann z. B. besondere Erregung zur ‚Hebung' der Stimme führen. In diesem Fall werden sowohl die Hochtöne als auch die Tieftöne höher realisiert, und somit wird innerhalb des gleichen stimmlichen Registers ein höheres tonales Register gewählt.

Der **tonale Bezugsbereich** (*tonal space*) ist der aktuell genutzte Bereich innerhalb des gewählten tonalen Registers. Während das tonale Register ein Tonhöhenbereich ist, der während einer Äußerung konstant bleibt, kann sich der tonale Bezugsbereich während einer Äußerung verkleinern oder vergrößern, und er kann auch seine Lage innerhalb des Registers verändern. Die obere Grenze des tonalen Bezugsbereichs wird graphisch durch die **Dachlinie** (*topline*) markiert, die untere Grenze durch die **Grundlinie** (*baseline*). Der Abstand zwischen Dachlinie und Grundlinie markiert den maximalen **Tonhöhenumfang** (*pitch range*) einer Äußerung. Die relative Tonhöhe innerhalb des tonalen Bezugsbereichs sowie relativ zu benachbarten Tönen ergibt sich aus der Wahl des Tones (H oder L) und damit aus der Tonqualität. Ferner können H- und L-Töne innerhalb des tonalen Bezugsbereichs höher oder tiefer realisiert werden.

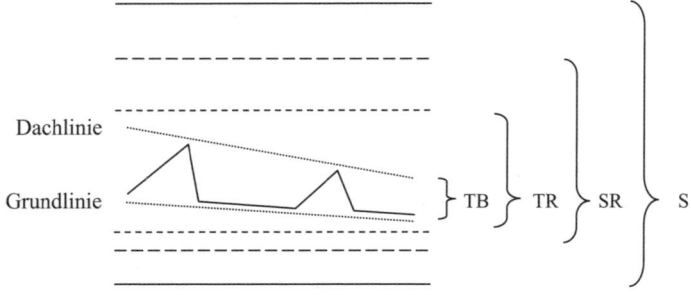

Abb. 7. Tonaler Bezugsbereich (TB), tonales Register (TR), stimmliches Register (SR) und Stimmumfang (S).

Abbildung 7 zeigt die Realisierung einer Kombination aus einem pränuklearen H*L-Akzent und einer nuklearen H*LL%-Kontur, deren Tonhöhenumfang zum Ende hin abnimmt. Das gewählte tonale Register (TR) gibt eine Obergrenze für Tonhöhengipfel an einer beliebigen Stelle der Äußerung vor, während der gewählte tonale Bezugsbereich (TB) eine Obergrenze für Tonhöhengipfel an einer bestimmten Stelle der Äußerung vorgibt. So wird der zweite Tonhöhengipfel in Abbildung 7 aufgrund des abgesenkten tonalen Bezugsbereichs niedriger realisiert als der erste, während das tonale Register unverändert bleibt.

Im Folgenden stellen wir einige Verfahren der Skalierung vor, auf die in autosegmental-metrischen Beschreibungen Bezug genommen wird, denen aber auch alternative Beschreibungsansätze Rechnung tragen müssen.

Bei isolierten Aussagen und beim lauten Lesen lässt sich häufig beobachten, dass der tonale Bezugsbereich zum Ende einer Intonationsphrase hin abgesenkt und verkleinert wird. Dieser Abwärtstrend wird als *Downtrend* bezeichnet. Er lässt sich auf mindestens drei Quellen zurückführen: Deklination, *Downstep* und *Final lowering*.

Unter **Deklination** (*declination*) versteht man einen Abwärtstrend innerhalb einer IP, der sich darin zeigt, dass sowohl die Dachlinie als auch die Grundlinie innerhalb einer IP absinken, wobei die Dachlinie gewöhnlich stärker absinkt als die Grundlinie. Dies hat zur Folge, dass Tonhöhengipfel tendenziell umso niedriger realisiert werden, je später sie in einer IP auftreten. In geringerem Maße gilt dies auch für die Täler zwischen solchen Tonhöhengipfeln. Abbildung 7 illustriert einen solchen Deklinationstrend.

Downstep zeigt sich in der Herabstufung eines Akzents oder einer ganzen Phrase. **Akzentueller *Downstep*** *(Accentual downstep)* bezeichnet die Herabstufung eines Akzents. Herabstufbar sind alle Akzente, die einen H-Ton umfassen (H*, H*L, L*H). Ferner geht in der Regel ein H-Ton voran, in Bezug auf den der Akzent herabgestuft wird. Je nachdem, ob ein vorangehender H-Ton automatisch zu *Downstep* führt, oder ob *Downstep* eine fakultative, semantisch relevante Akzentmodifikation bildet (s. Kap. 6.2), spricht man von **automatischem** bzw. **fakultativem** *Downstep*. Je nachdem, ob die Herabstufung zu einer teilweisen oder vollständigen Absenkung führt, spricht man von **partiellem** *Downstep* bzw. **totalem** *Downstep*. (1) illustriert den Unterschied zwischen partiellem und totalem Downstep anhand eines fallenden Akzents (H*L).

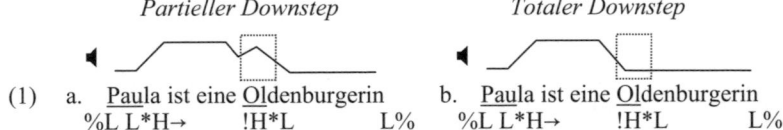

| | Partieller Downstep | | | Totaler Downstep | |
(1) a. Paula ist eine Oldenburgerin   b. Paula ist eine Oldenburgerin
    %L L*H→   !H*L   L%   %L L*H→   !H*L   L%

Da bei totalem *Downstep* der Zielpunkt von !H* tief realisiert wird, ist dieser Akzent phonetisch oft nicht von einem Tiefakzent L* zu unterscheiden.

Phrasaler *Downstep* *(Phrasal downstep)* bezeichnet die Herabstufung einer prosodischen Phrase. (2) illustriert die Herabstufung einer ganzen Intonationsphrase gegenüber einer vorangehenden, die in diesem Fall von einer anderen Person geäußert wurde. Phrasaler *Downstep* wird hier durch „[...]PD" angezeigt.

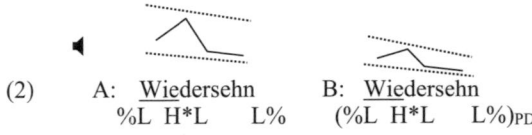

(2)   A: Wiedersehn   B: Wiedersehn
           %L H*L   L%   (%L H*L   L%)PD

Die Herabstufung eines Akzents ist normalerweise mit einer Verengung des tonalen Bezugsbereichs verbunden und mit einem geringeren Tonhöhenumfang des anschließenden Tonhöhenverlaufs. Das gleiche gilt für herabgestufte Phrasen, wenn diese nicht-final innerhalb einer Äußerung auftreten.

Als ***Final lowering*** wird das Phänomen bezeichnet, dass der letzte Akzent in einer Serie herabgestufter Akzente in Sprachen wie dem Deutschen oder Englischen stärker abgesenkt wird als die vorhergehenden Akzente, wie in (3).

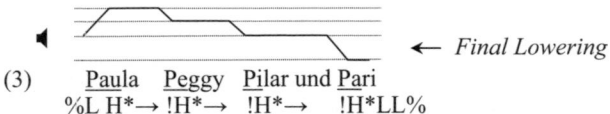

← *Final Lowering*

(3)   Paula   Peggy   Pilar und Pari
      %L H*→ !H*→   !H*→   !H*LL%

Ein Abwärtstrend kann sich über mehrere Intonationsphrasen hinweg fortsetzen, aber auch mithilfe des sog. *Pitch Reset* unterbrochen werden. ***Pitch Reset*** bezeichnet eine Anhebung der Tonhöhe am Beginn einer Phrase, mit der der Abwärtstrend der vorhergehenden Phrase aufgehoben wird.

Innerhalb einer Intonationsphrase kann der Abwärtstrend ferner durch den bereits erwähnten *Upstep* unterbrochen werden. ***Upstep*** ist eine Heraufstufung von Tönen. Es handelt sich wie bei *Downstep* um eine Modifikation von Tönen relativ zu vorhergehenden Tönen. So werden im Deutschen und Englischen z. B. hohe finale Grenztöne extra-hoch realisiert, wenn ihnen ein H-Ton unmittelbar vorangeht (vgl. Kap. 6.2).

5.2 Variation im Zeitbereich

Die Variation von f_0 im Zeitbereich betrifft das *Timing* von Tönen relativ zu benachbarten Tönen, lautlichen Segmenten oder Grenzen prosodischer Phrasen. Im Rahmen der AM-Phonologie werden Töne mit prosodischen Einheiten wie Silben oder Phrasen **assoziiert** bzw. an den Kanten solcher Einheiten **ausgerichtet**. Von **Ausrichtung** (*alignment*) wird teils im phonetischen Sinne, teils im phonologischen Sinne gesprochen. Die **phonologische Ausrichtung** eines Tones an einer Phrasengrenze besagt nur, dass die Präsenz eines Tones von der Präsenz einer Phrasengrenze abhängt. Die **phonetische Ausrichtung** betrifft die konkrete zeitliche Realisierung des phonetischen Zielpunkts.

In dem in Kap. 6 vorgestellten Modell für das Standarddeutsche werden Akzenttöne mit Akzentsilben assoziiert, während vordere und hintere Grenztöne an den Grenzen der IP im phonologischen Sinne ausgerichtet werden. Diese Ton-Text-Beziehungen (*tune-text relations*) schränken die zeitliche Realisierung der Töne ein, legen sie jedoch nicht vollständig fest. So lässt z. B. die Annahme, dass ein H-Ton mit einer bestimmten Silbe assoziiert ist, nicht darauf schließen, dass der entsprechende Tonhöhengipfel genau zeitgleich mit dieser Silbe realisiert wird. Im nördlichen Standarddeutschen wird der Gipfel nuklearer H*L-Akzente typischerweise *auf* der Akzentsilbe realisiert, der Gipfel pränuklearer H*L-Akzente oft aber erst am Ende oder nach der betreffenden Akzentsilbe, wenn der Abstand zur nächsten Akzentsilbe groß genug ist, wie (4) illustriert.

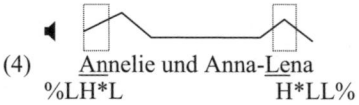

(4) Annelie und Anna-Lena
 %LH*L   H*LL%

Faktoren, die das *Timing* von Akzenttönen und ihren Begleittönen beeinflussen, sind der prosodische Kontext der Akzentsilbe, etwa der Abstand zur nächsten betonten Silbe oder zur finalen IP-Grenze, und die Sprechgeschwindigkeit. Eine Erhöhung der Sprechgeschwindigkeit führt in der Regel zu einer späteren Realisierung von Akzentgipfeln relativ zum Beginn der Akzentsilbe. Ein kurzer Abstand zur nächsten Akzentsilbe oder zur finalen IP-Grenze führt hingegen zu einer früheren Realisierung des Akzentgipfels.

Die Kenntnis der unterschiedlichen Einflüsse auf das *Timing* ist erforderlich, um ungerechtfertigte Schlüsse von beobachteten phonetischen Unterschieden auf phonologische Unterschiede zu vermeiden. Silverman und Pierrehumbert (1990) haben z. B. gezeigt, dass sich die Unterschiede im *Timing* nuklearer und pränuklearer Hochakzente im Amerikanischen Englisch auf den prosodischen Kontext (Abstand zu Phrasengrenzen etc.) zurückführen lassen, ohne dass von phonologisch unterschiedlichen Tonhöhenakzenten in nuklearer und pränuklearer Position ausgegangen werden muss. Zum *Timing* in regionalen Varietäten des Deutschen vgl. Gilles 2005.

5.3 Weitere Quellen phonetischer Variation

Bei der Identifizierung von Intonationskonturen aufgrund von f_0-Verläufen müssen eine Reihe weiterer Faktoren berücksichtigt werden, die die Realisierung tonaler Zielpunkte betreffen. Steht wenig Zeit für die Realisierung einer Tonfolge zur Verfügung, so lassen sich zwei Strategien unterscheiden: Man kann versuchen, die vorgesehene Kontur in dem kürzeren Zeitintervall zu realisieren; oder man realisiert die Kontur unvollständig, indem man den f_0-Verlauf am Ende gleichsam abschneidet (vgl. Grabe 1998). Im ersten Fall spricht man von **Kompression** (*compression*) des f_0-Verlaufs, im zweiten Fall von **Trunkierung** (*truncation*). Kompression kann sowohl eine Stauchung im zeitlichen Bereich umfassen als auch eine Stauchung im Frequenzbereich. Ferner können Kompression und Trunkierung miteinander kombiniert auftreten. Abbildung 8 illustriert Kompression und Trunkierung anhand der Äußerung zweier Wortformen. Im Falle von *Max* steht deutlich weniger stimmhaftes Material für die Realisierung des f_0-Verlaufs zur Verfügung als im Falle von *Mark*. Dies führt in (a) zu Kompression im Zeitbereich, in (b) zu Kompression im Zeit- und Frequenzbereich, und in (c) zu Trunkierung.

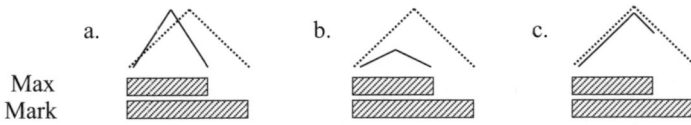

Abb. 8. (a) Kompression im Zeitbereich, (b) Kompression im Zeit- und Frequenzbereich, und (c) Trunkierung.

Eine weitere Strategie besteht darin, eine alternative Kontur zu wählen, die sich in einem kurzen Zeitintervall leichter realisieren lässt. Abbildung 9 illustriert eine Realisierung von H*LH%, bei der statt eines fallend-steigenden Tonhöhenverlaufs ein halbhoch-steigender Tonhöhenverlauf realisiert wird (vgl. Ladd 2008: 183f). Diese Kontur ähnelt der hoch-steigenden Kontur H* H%, die sich aus H*LH% ergibt, indem L getilgt wird. Alternativ könnte der halbhoch-steigende Verlauf auch auf **tonale Assimilation** von H* und L zurückgeführt werden, wobei H* abgesenkt und L angehoben wird, sodass sie auf gleichem, halbhohen Niveau realisiert werden. Tonale Assimilation liegt auch vor, wenn der schnelle Anschluss einer IP, die mit %H beginnt, an eine IP, die mit L% endet, zur Erhöhung von L% oder zur Absenkung von %H führt.

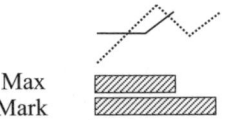

Abb. 9. Halbhoch-steigender Verlauf anstelle von fallend-steigendem Verlauf.

Neben tonaler Assimilation ist auch **tonale Dissimilation** möglich. Ein solcher Vorgang liegt vor, wenn ein H-Ton nach einem L-Ton höher oder ein L-Ton nach einem H-Ton tiefer realisiert wird (Féry & Kügler 2008). Tonale Assimilation und Dissimilation werden hier als phonetische Prozesse betrachtet. Assimilation und Dissimilation können aber auch als phonologische Prozesse auftreten. Das ist der Fall, wenn ein Ton aufgrund eines benachbarten Tones seine Tonqualität ändert (H wird zu L oder L zu H).

Phonetische Variation bei der Realisierung von Intonationskonturen betrifft nicht nur die Skalierung und das *Timing* tonaler Zielpunkte, sondern auch die Gestaltung der Übergänge zwischen diesen Zielpunkten. Während diese Übergänge im Tonsequenzmodell im einfachsten Fall als lineare Interpolationen aufgefasst werden, kann man zwischen aufeinander folgenden hohen Akzenttönen häufig ein ‚Absacken' von f_0 beobachten. Entsprechend wird zwischen einer *Sustained transition* und einer *Sagging transition* unterschieden. Beide Formen des Übergangs werden in (5) anhand einer Variante der sog. *Hutkontur* illustriert (vgl. auch Kap. 6.3).

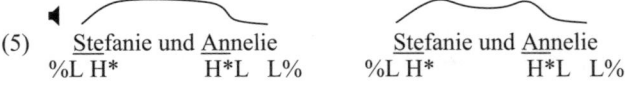

(5) Stefanie und Annelie   Stefanie und Annelie
   %L H*   H*L L%   %L H*   H*L L%

Im Einzelfall ist allerdings zu klären, ob das Absacken von f_0 nicht doch auf einen erhöht realisierten Tiefton zurückführbar ist (vgl. Ladd 2008: 136f).
Relevant ist ferner die sog. **mikroprosodische Variation**. Dabei handelt es sich um eine Variation von f_0, die keine unmittelbare Bedeutung für die tonale Gestaltung hat und in der Regel nur als Variation der Stimmqualität wahrgenommen wird. Mikroprosodische Variation lässt sich auf Besonderheiten der laryngalen Aktivität und auf die Interaktion von laryngaler und supralaryngaler Aktivität zurückführen. Schwankungen in der Länge aufeinander folgender Perioden von f_0 heißen ***Jitter***. Hiervon abzugrenzen sind Schwankungen in der Amplitude aufeinander folgender Perioden von f_0, der sog. ***Shimmer***. Von besonderer Relevanz für die Intonationsforschung ist ferner der Einfluss einzelner Konsonanten auf den lokalen f_0-Verlauf. So führen stimmhafte Verschlusslaute in prävokalischer Position in Akzentsilben in der Regel zu einer kurzzeitigen Absenkung von f_0, stimmlose Verschlusslaute hingegen zu einer Anhebung von f_0. Dass die Realisierung von Konsonanten für die Interpretation von f_0-Verläufen relevant sein kann, zeigt Niebuhr (2008).

Zur mikroprosodischen Variation trägt auch die Abhängigkeit der Grundfrequenz von der Vokalqualität bei. So wird ein geschlossener Vokal wie [iː] unter sonst gleichen Bedingungen mit höherer Grundfrequenz produziert als ein offener Vokal wie [aː]. Andererseits wird [aː] mit höherer Tonhöhe wahrgenommen als [iː], wenn beide Vokale die gleiche Grundfrequenz aufweisen. Im ersten Fall spricht man von **intrinsischer Grundfrequenz** (*intrinsic f_0*), im zweiten Fall von **intrinsischer Tonhöhe** (*intrinsic pitch*).

Aufgaben

a) Versuchen Sie, die Unterschiede zwischen den f_0-Verläufen der sechs Realisierungen des Satzes *Sie lebt in Oldenburg* in Abbildung 6 unter Bezug auf den Frequenz- und Zeitbereich zu beschreiben.

b) Entdecken Sie auch mikroprosodische Variation? Laden Sie hierzu die Tondateien in *Praat* und vergleichen Sie die Äußerungen anhand der Oszillogramme, Spektrogramme und f_0-Verläufe.

Grundbegriffe: Stimmumfang, stimmliches Register, tonales Register, tonaler Bezugsbereich, Dachlinie, Grundlinie, Tonhöhenumfang, Downtrend, Deklination, *Downstep*, Akzentueller *Downstep*, automatischer vs. fakultativer *Downstep*, partieller vs. totaler *Downstep*, Phrasaler *Downstep*, *Final lowering*, *Pitch Reset*, *Upstep*, phonetische vs. phonologische Ausrichtung, Kompression, Trunkierung, tonale Assimilation, tonale Dissimilation; mikroprosodische Variation, *Jitter*, *Shimmer*, intrinsische Grundfrequenz, intrinsische Tonhöhe.

Weiterführende Literatur: Laver 1994, Gussenhoven 2004, Ladd 2008.

6 Intonation des Deutschen. Teil I: Konturen

Die folgenden Kapitel illustrieren den Aufbau einer Intonationsgrammatik für das nördliche Standarddeutsche im Rahmen des AM-Modells. Die Darstellung konzentriert sich auf das Inventar gebräuchlicher Intonationskonturen, die hiermit realisierten tonalen Kontraste, die semantische Interpretation dieser Kontraste und die Phrasierung. Unter dem nördlichen Standarddeutschen verstehen wir hier die im überregionalen Angebot der norddeutschen Radio- und Fernsehanstalten gebräuchlichen Ausprägungen des Deutschen.

6.1 Tonales Inventar

Für das nördliche Standarddeutsche setzen wir zwei Akzenttöne, H* und L*, und zwei Folgetöne, H und L, an. Mithilfe dieser Töne werden vier Tonhöhenakzente gebildet, die nuklear und pränuklear auftreten: der **fallende Akzent** (H*L), der **Hochakzent** (H*), der **steigende Akzent** (L*H) und der **Tiefakzent** (L*). Ferner werden zwei Grenztöne angesetzt, die an der vorderen oder hinteren IP-Grenze ausgerichtet sind (%H, %L und H%, L%). Bei den sog. Plateaukonturen (s. Kap. 6.2) trägt die hintere IP-Grenze keinen eigenen Grenzton, was durch „0%" angezeigt wird. Wenn im Folgenden der Grenzton an der vorderen IP-Grenze nicht mitnotiert wird, ist immer %L anzusetzen.

Die Akzenttöne werden mit Silben assoziiert, die einen syntaktischen Akzent tragen (s. Kap. 1.2). (1) illustriert vier unterschiedliche Formen der Akzentuierung der gleichen syntaktischen Phrase.

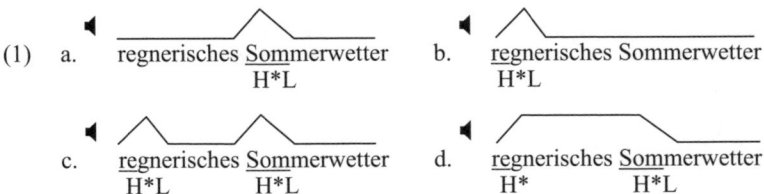

6.2 Nukleare Konturen und Akzentmodifikationen

Mithilfe der in Kap. 6.1 eingeführten Tonhöhenakzente und Grenztöne lassen sich zwölf nukleare Konturen bilden, von denen mindestens folgende acht Konturen im nördlichen Standarddeutschen gebräuchlich sind:

(2) a. Fallende Kontur H*LL%
    b. Fallend-Steigende Kontur H*LH%
    c. Fallend-Gleichbleibende Kontur H*L0%
    d. Hoch-Steigende Kontur H* H%
    e. Hoch-Gleichbleibende Kontur H* 0%
    f. Zweifach-Steigende Kontur L*HH%
    g. Steigend-Gleichbleibende Kontur L*H0%
    h. Tief-Steigende Kontur L* H%

Die Anordnung der Konturen in Abbildung 10 verdeutlicht, dass sich die Konturen unter Bezug auf die Wahl des nuklearen Akzents und die Wahl des finalen Grenztons systematisch aufeinander beziehen lassen. Konturen, die in der gleichen Zeile stehen, weisen den gleichen nuklearen Akzent auf: H*L, H*, L*H oder L*. Konturen, die in der gleichen Spalte stehen, weisen die gleiche tonale Spezifizierung der finalen IP-Grenze auf: L%, H% oder 0%.

	L%	H%	0%
H*L	Fallende Kontur H* L L%	Fallend-Steigende Kontur H*L→ H%	Fallend-Gleichbleibende Kontur H*L→ 0%
H*		Hoch-Steigende Kontur H*→ H%	Hoch-Gleichbleibende Kontur H*→ 0%
L*H		Zweifach-Steigende Kontur L*H→ H%	Steigend-Gleichbleibende Kontur L*H→ 0%
L*		Tief-Steigende Kontur L*→ H%	

Abb. 10. Nukleare Konturen des nördlichen Standarddeutschen. Die Tonbeispiele illustrieren die Konturen anhand des Satzes *Sie ist eine Oldenburgerin*.

Für alle Konturen in Abbildung 10 außer der *Fallenden Kontur* wird Tonausbreitung (s. Kap. 4.2) angenommen, die durch einen Pfeil angedeutet wird. Bei der *Fallend-Steigenden Kontur* und der *Tief-*

Steigenden Kontur spezifiziert der L-Ton jeweils einen weiteren tiefen Zielpunkt vor dem finalen H-Ton; bei der *Hoch-Steigenden* und *Zweifach-Steigenden Kontur* spezifiziert der vorletzte H-Ton einen weiteren hohen Zielpunkt vor H%; und bei den drei **Plateaukonturen** in der rechten Spalte spezifiziert der letzte Ton des nuklearen Akzents jeweils einen weiteren gleichhohen Zielpunkt an der finalen IP-Grenze, an der kein eigener Grenzton auftritt. Das Fehlen des finalen Grenztons wird durch „0%" angezeigt.

Die Repräsentation der Konturen in Abbildung 10 setzt zusätzlich voraus, dass H% nach H extra-hoch realisiert wird, was als *Upstep* bezeichnet wird (vgl. Kap. 5.1). Die Beziehungen zwischen den tonalen Repräsentationen in Abb. 10 und den resultierenden Tonhöhenverläufen lassen sich auf die Anwendung der zwei Regeln in (3) zurückführen, die allerdings nur für nukleare Konturen gelten.

(3) a. **Tonausbreitungsregel:** Folgt innerhalb einer nuklearen Kontur auf einen H- oder L-Ton ein H-Ton, der nicht an die gleiche oder unmittelbar benachbarte tontragende Einheit (hier die Silbe) gebunden ist, so legt der erste Ton einen zusätzlichen Zielpunkt vor dem zweiten Ton fest.
b. *Upstep*-**Regel:** Folgen innerhalb einer nuklearen Kontur zwei H-Töne aufeinander, wird der Zielpunkt des zweiten Tones zusätzlich angehoben.

(4) illustriert die Anwendung dieser Regeln anhand der *Fallend-Steigenden Kontur* (a) und der *Hoch-Steigenden Kontur* (b).

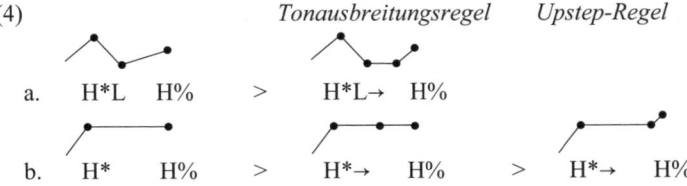

Für die Plateaukonturen in der rechten Spalte von Abbildung 10 (die Konturen mit 0%) wird ferner vorausgesetzt, dass finale IP-Grenzen stets durch den unmittelbar vorangehenden Ton spezifiziert werden, wenn kein eigener Grenzton zur Verfügung steht.

Tonhöhenakzente können in semantisch relevanter Weise modifiziert werden. Für das nördliche Standarddeutsch setzen wir drei Akzentmodifikationen an: *Downstep*, *Später Gipfel* und *Früher Gipfel*.

Downstep (genauer: Akzentueller *Downstep*) wurde bereits in Kap. 5.1 vorgestellt. Er kann auch die Plateaukonturen betreffen, sofern ein H-Ton in der gleichen IP vorausgeht. Ein Beispiel wäre die Kontur %L H* !H* 0%, bei der das finale Tonhöhenplateau abgesenkt ist.

Ein **Später Gipfel** (*late peak*) liegt vor, wenn der Tonhöhengipfel eines H*L-Akzents später als gewöhnlich realisiert wird. Da meist auch die Anstiegsbewegung später einsetzt, kennzeichnen wir ihn hier durch einen zusätzlichen tiefen Leitton, der anstelle von H mit der Akzentsilbe assoziiert wird, was zur Verschiebung des Gipfels führt. Auf diese Weise wird H*L in L*HL überführt (vgl. Gussenhoven 2004: 306f). Der *Späte Gipfel* entspricht in dieser Realisierungsform dem *Rise-Fall* der Britischen Schule (s. Kap. 3.3). Folgen nach der Akzentsilbe noch weitere Silben innerhalb der gleichen IP, wird der Gipfel gewöhnlich auf der ersten postnuklearen Silbe realisiert. Tritt die Akzentsilbe IP-final auf, wird der Gipfel innerhalb der Akzentsilbe später und eventuell auch höher realisiert. Beide Fälle werden in (5) illustriert (die gestrichelte Linie zeigt den Tonhöhenverlauf ohne Akzentmodifikation an).

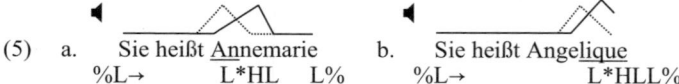

(5)   a.   Sie heißt <u>A</u>nnemarie   b.   Sie heißt Ange<u>li</u>que
           %L→   L*HL   L%   %L→   L*HLL%

Ein **Früher Gipfel** (*early peak*) liegt vor, wenn der Tonhöhengipfel *vor* der Akzentsilbe realisiert wird. In der Regel wird die unmittelbar vorangehende Silbe nach oben herausgehoben. Der *Frühe Gipfel* geht meist mit *Downstep* des nuklearen Akzents einher. Wir repräsentieren den frühen Gipfel bei H*L-Akzenten unter Rückgriff auf einen zusätzlichen hohen Leitton. In Verbindung mit *Downstep* erhalten wir H!H*L (oder H+!H*L). (6) illustriert den frühen Gipfel mit *Downstep* nach einem pränuklearen L*H-Akzent.

(6)   Paul hat ge<u>lo</u>gen
        %L L*H→ H!H*LL%

Alle drei Akzentmodifikationen sind auf nukleare Akzente anwendbar, die einen H-Ton aufweisen. *Downstep* ist auch auf pränukleare Akzente anwendbar, wenn ein H-Ton vorausgeht. *Downstep* tritt ferner nicht nur in Kombination mit dem *Frühen Gipfel* auf, sondern auch in Kombination mit dem *Späten Gipfel*.

Die Kombination aus *Downstep* und der Plateaubildung, die wir bei den Konturen mit finalem 0% kennen gelernt haben, findet sich auch bei einem Sonderfall nuklearer Konturen, der sog. **Rufkontur** (*calling contour, chanted call*). Kennzeichnend für diese Kontur sind zwei Tonhöhenplateaus: ein hohes Plateau, das auf der nuklearen Akzentsilbe beginnt, und ein halbhohes Plateau, das auf der Kopfsilbe des ersten postnuklearen Fußes beginnt, also auf der ersten rhythmisch prominenten Silbe nach der nuklearen Akzentsilbe. Wir repräsentieren die Plateaus in (7) durch Tonausbreitung, wobei wir für das halbhohe Plateau einen zusätzlichen, herabgestuften H-Ton ansetzen. Füße werden durch Klammern angedeutet, die Kopfsilbe eines Fußes durch x.

(7) a. ◀ Essen kommen   b. ◀ Angela:
         (x   .) (x   .)   (x   .)(x)
         %LH*→ !H→   0%   %LH*→!H0%

Die Rufkontur verlangt zwei Füße für die Realisierung der beiden Plateaus. Steht nach der nuklearen Akzentsilbe nicht genügend Wortmaterial zur Realisierung eines zweiten Fußes zur Verfügung, so wird die Äußerung metrisch angepasst. Nicht nur einzelne trochäische Füße werden so in zwei einsilbige Füße überführt, wie (8a) illustriert. Falls erforderlich, wird sogar eine einzelne Silbe in zwei Füße überführt wie in (8b).

(8) a. ◀ An::ne::   b. ◀ Ma::a::x
         (x) (x)   (x) (x)
         %LH* !H 0%   %LH*!H 0%

(8a) zeigt, dass unter diesen Umständen auch Schwa-Silben die Kopfposition eines Fußes einnehmen können. Dabei wird die Wahrnehmbarkeit der Tonhöhenplateaus durch überlange Dehnung der betreffenden Silben erhöht. (8b) zeigt, dass Silben, die unter normalen Umständen mit ungespanntem Vokal und scharfem Silbenschnitt realisiert werden und kurz bleiben, so stark gedehnt werden, dass auf ihnen zwei Tonhöhenplateaus realisiert werden können (auf die Pfeile für die Tonausbreitung wird aus Platzgründen verzichtet).

Bei der Rufkontur haben wir es mit einer Dehnung aus metrischen Gründen zu tun, die die gewöhnlichen Gesetze der Silbenphonologie außer Kraft setzt. Darin zeigt sich die Außergewöhnlichkeit der Rufkontur. Aufgrund der Plateaubildung, des realisierten Tonintervalls und des Primats der metrischen Struktur über die Silbenstruktur ähneln Äußerungen mit der Rufkontur mehr dem Singen als dem Sprechen.

6.3 Pränukleare Konturen

Die pränuklearen Konturen des Deutschen ergeben sich aus der Kombination der beiden initialen Grenztöne %L und %H mit den vier Tonhöhenakzenten, die einfach oder mehrfach auftreten oder auch ganz fehlen können. Im letzteren Fall umfasst die pränukleare Kontur nur einen *Pre-Head* im Sinne der Britischen Schule (Kap. 3). Zwischen pränuklearen Akzenten und nuklearen Akzenten ergeben sich unterschiedliche Arten von Übergängen. Wir repräsentieren diese Übergänge in der Tradition von ToDI (s. Kap. 4.3) durch unterschiedliche Ausrichtung und Ausbreitung (*tonal spreading*) der pränuklearen Akzenttöne bzw. Folgetöne. Vorausgesetzt wird dabei auch, dass die Anwendung der Ausbreitungsregel in (2) im pränuklearen Bereich nicht automatisch zur Anwendung kommt. Wie vielfältig die Möglichkeiten der pränuklearen Gestaltung sind, illustrieren wir in Abbildung 11 anhand der Kombination pränuklearer Akzente mit der *Fallenden Kontur*. Dabei berücksichtigen wir nur Konturen, die einen tiefen initialen Grenzton und genau einen pränuklearen Akzent aufweisen.

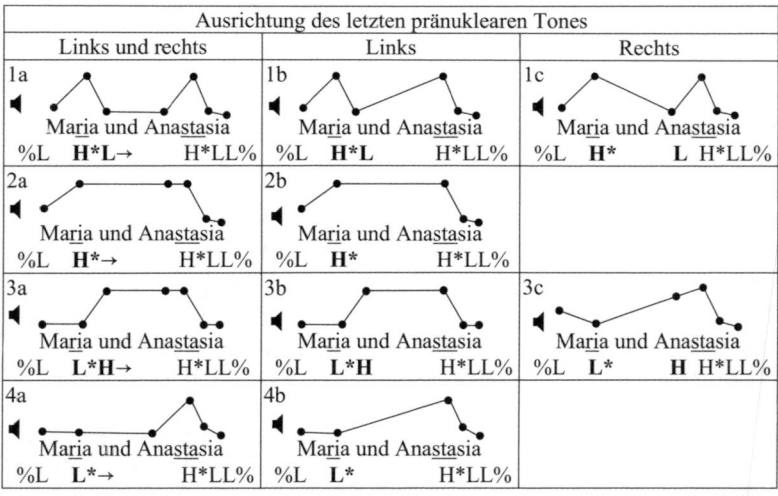

Abb. 11. Pränukleare Akzente und die Fallende Kontur (nach Peters 2006: 94)

2a, 2b, 3a und 3b stellen Varianten der so genannten **Hutkontur** (*hat contour*) dar. Der Unterschied in der tonalen Struktur zwischen den Varianten 2a und 2b und zwischen den Varianten 3a und 3b ist bei einer Realisierung wie in Abbildung 11 nicht wahrnehmbar. Er tritt erst zutage, wenn der Gipfel des nuklearen Akzents erhöht wird, was zu einem Unterschied im Übergang vom pränuklearen zum nuklearen Akzentgipfel führt. (9) illustriert dies anhand der Varianten 3a und 3b.

(9) *Variante 3a*

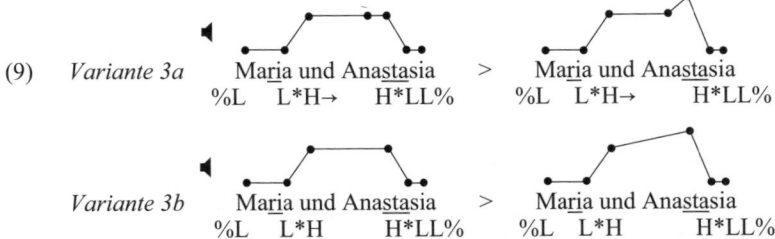

Maria und Anastasia > Maria und Anastasia
%L L*H→ H*LL% %L L*H→ H*LL%

Variante 3b Maria und Anastasia > Maria und Anastasia
%L L*H H*LL% %L L*H H*LL%

Ein Unterschied zwischen den Varianten zeigt sich ferner bei *Downstep* des nuklearen Akzents. Bei Variante 2a und 3a bleibt das pränukleare Hochplateau erhalten, bei Variante 2b und 3b fällt die Tonhöhe zum nuklearen Akzentton hin ab, wie (10) für Variante 3a und 3b illustriert.

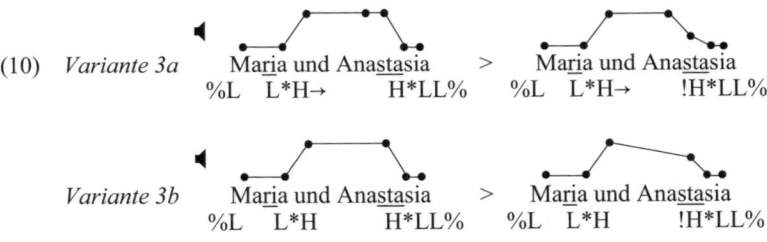

(10) *Variante 3a* Maria und Anastasia > Maria und Anastasia
%L L*H→ H*LL% %L L*H→ !H*LL%

Variante 3b Maria und Anastasia > Maria und Anastasia
%L L*H H*LL% %L L*H !H*LL%

Aufgaben
Hören Sie sich die Fabel *Die Sonne und der Nordwind* (◀) auf der Webseite an.
a) Identifizieren Sie alle nuklearen und pränuklearen Akzentsilben pro Intonationsphrase. Jede Zeile umfasst eine Intonationsphrase und damit eine Intonationskontur.
b) Weisen Sie jeder Intonationsphrase eine tonale Repräsentation zu. Klassifizieren Sie dabei die pränuklearen Akzente und die nuklearen Konturen unter Bezug auf die Inventare in Kap. 6.1 und 6.2.

Grundbegriffe: Fallender Akzent, Hochakzent, steigender Akzent, Tiefakzent, Fallende Kontur, Fallend-Steigende Kontur, Fallend-Gleichbleibende Kontur, Hoch-Steigende Kontur, Hoch-Gleichbleibende Kontur, Zweifach-Steigende Kontur, Steigend-Gleichbleibende Kontur, Tief-Steigende Kontur, Plateaukontur, Später Gipfel, Früher Gipfel, Rufkontur, Hutkontur.

Weiterführende Literatur: Peters 2006, 2016, Fuhrhop & Peters 2013, Kap. I 7-9; alternative Darstellungen im Rahmen der AM-Phonologie: Féry 1993, Grabe 1998, Grice & Baumann 2002, 2016, Grice, Baumann & Benzmüller 2005; für alternative Darstellungen zur Intonation des Deutschen s. Pheby 1980, Fox 1984, Stock 1996 sowie das Kieler Intonationsmodell KIM (Kohler 1991a; vgl. auch Niebuhr 2007).

7 Intonation des Deutschen. Teil II: Semantische Analyse

7.1 Grundlagen

Intonationsphonologie und Semantik

Das Studium intonatorischer Bedeutungen spielt für die Intonationsforschung aus mindestens zwei Gründen eine zentrale Rolle: Zum einen ist die Identifizierung intonatorischer Bedeutungen grundlegend für das Verständnis von Intonation als Kommunikationsmittel. Wir wollen nicht nur verstehen, in welcher Weise die Tonhöhenverläufe sprachlicher Äußerungen variieren, sondern auch, welchen Beitrag sie zur Äußerungsbedeutung liefern. Zum anderen bildet die Identifizierung intonatorischer Bedeutungen eine Voraussetzung für die Identifizierung distinktiver intonatorischer Einheiten. In der segmentalen Phonologie werden relativ selten semantische Fragen aufgeworfen, was zu dem Eindruck führen kann, dass man auch eine Intonationsphonologie entwickeln kann, ohne sich näher mit semantischen Fragen zu befassen. Die geringe Beschäftigung der segmentalen Phonologie mit semantischen Fragen hat jedoch nur den Grund, dass der semantische Bezug bei der Phonembestimmung meist trivial ist: Zwei Laute gelten als distinktiv, wenn Sie für die Unterscheidung sprachlicher Einheiten relevant sind, die unterschiedliche lexikalische oder grammatische Bedeutungen tragen. Wann Bedeutungsunterschiede vorliegen und somit zwei unterschiedliche grammatisch-lexikalische Einheiten, ist meist unstrittig. Der semantische Bezug intonatorischer Einheiten ist hingegen keineswegs offensichtlich. Ein solcher Bezug muss aber vorhanden sein, wenn man sinnvoll von tonalen Kontrasten und darauf begründeten distinktiven tonalen Einheiten sprechen will. Eine Intonationsphonologie lässt sich nicht allein aufgrund der Betrachtung der Form von Tonhöhenverläufen begründen, auch wenn man angesichts mancher Diskussionen über die Angemessenheit tonaler Repräsentationen diesen Eindruck gewinnen kann.

Intonatorische Bedeutungen

Die Analyse intonatorischer Bedeutungen gehört zu den schwierigsten Aufgaben der Intonationsforschung. Eine erste Schwierigkeit ergibt sich bereits aus dem Umstand, dass Tonhöheneigenschaften sprachlicher Äußerungen ganz unterschiedliche Arten von Informationen vermitteln können. Dabei lässt sich zwischen *sprachlichen* und *parasprachlichen* Tonhöheneigenschaften unterscheiden.

Als **sprachlich** können Tonhöheneigenschaften gelten, die kommunikativ relevant und durch ein sprachliches System determiniert sind. Hierzu gehören die intonatorischen Eigenschaften im engeren Sinne, die durch die Wahl diskreter sprachspezifischer Intonationskonturen festgelegt werden und Gegenstand der Intonationsphonologie sind. Aber auch Tonhöheneigenschaften, die auf der kontinuierlichen Variation von f_0 im Frequenzbereich (Skalierung) und im Zeitbereich (*Timing*) beruhen, können sprachlich determiniert sein. So kann z. B. enger Fokus (s. Kap. 1.2) mit einem höheren f_0-Gipfel auf der Fokusakzentsilbe einhergehen, ohne dass sich anhand der phonetischen Realisierung diskrete Tonhöhenstufen unterscheiden lassen.

Als **parasprachlich** können Tonhöheneigenschaften gelten, die kommunikativ relevante Eigenschaften sprachlicher Äußerungen darstellen, ohne selbst sprachlich determiniert zu sein. So kann eine erhöhte Stimmlage oder eine Vergrößerung des Tonhöhenumfangs Informationen über innere Zustände vermitteln, etwa über eine erhöhte emotionale Involviertheit. Als parasprachlich können auch Eigenschaften sprachlicher Äußerungen gelten, die nicht an individuelle Äußerungen gebunden sind. Hierzu gehört der anatomisch-physiologische Stimmumfang (Kap. 5.1) und davon abhängig das allgemeine Tonhöhenniveau, das uns z. B. Informationen darüber vermittelt, ob wir es mit einer kindlichen oder einer erwachsenen Stimme zu tun haben.

Intonatorische Bedeutungen im engeren Sinne werden sprachlich vermittelt, nicht parasprachlich. Auch wenn solche Bedeutungen wie erwähnt auf kontinuierlicher Variation von f_0 beruhen können, beschränken wir uns im Folgenden auf intonatorische Bedeutungen, die im autosegmental-metrischen Modell auf diskrete Variation zurückgeführt werden, nämlich auf die Wahl unterschiedlicher Tonsequenzen.

Der Beitrag der Intonation zur Äußerungsbedeutung ergibt sich aus der Wahl intonatorischer Einheiten, ihrer Realisierung im Frequenz- und Zeitbereich und ihrer Ausrichtung an lautbasierten Einheiten. Dieser Beitrag lässt sich unter Bezug auf semantische Merkmale beschreiben, die abstrakte, kontextfreie Bedeutungen spezifizieren. Wir sprechen also nicht nur allgemein von kommunikativen Funktionen, die einzelne Konturen erfüllen, sondern konkret von abstrakten intonatorischen Bedeutungen, die sich aus semantischen Merkmalen tonaler Einheiten ableiten lassen. Diese intonatorischen Bedeutungen legen die kommunikativen Funktionen der Intonation nicht vollständig fest. Sie schränken die Menge ihrer kommunikativen Funktionen aber systematisch ein. Der Beitrag der Intonation zur

Äußerungsbedeutung ergibt sich aus dem Zusammenspiel abstrakter semantischer Merkmale der tonalen Einheiten und relevanter lautbasierter Einheiten (Morpheme, Wörter, syntaktische Phrasen), auf deren Grundlage die Gesprächsbeteiligten im jeweiligen textuellen, interaktiven und situativen Kontext eine gegebene Äußerung interpretieren.

Eine semantische Analyse der Intonation, die auf semantische Merkmale zurückgreift, muss die Frage beantworten, welche intonatorischen Einheiten Träger solcher Merkmale sind. Tragen Intonationskonturen als Ganze zur Äußerungsbedeutung bei, oder setzt sich die Bedeutung von Intonationskonturen aus den semantischen Merkmalen einzelner tonaler Einheiten wie Tonhöhenakzenten oder einzelnen Tönen zusammen? In der Britischen Schule werden intonatorische Bedeutungen Konfigurationen wie *Falls* und *Rises* oder ganzen Konturen zugeschrieben. Im Rahmen der AM-Phonologie lassen sich einzelne Tonhöhenakzente oder einzelne Töne als Träger semantischer Merkmale ansetzen und die Bedeutungen von Tonsequenzen aus den semantischen Merkmalen der involvierten Töne ableiten, im Sinne einer kompositionellen Bedeutungstheorie. Ein klassisches Beispiel für ein solches Vorgehen ist die semantische Beschreibung der Intonation des Amerikanischen Englisch von Pierrehumbert und Hirschberg (1990). Werden einzelne Töne als Träger semantischer Merkmale angenommen, fungieren Töne sowohl als kleinste distinktive Einheiten als auch als kleinste bedeutungstragende Einheiten. Sie verhalten sich somit einerseits wie Phoneme, andererseits wie Morpheme. Eine kompositionelle Semantik schließt aber nicht aus, dass eine Sprache auch über Konturen verfügt, denen holistische Bedeutungen zugeschrieben werden, Bedeutungen also, die sich in synchroner Perspektive nicht mehr aus den semantischen Merkmalen einzelner tonaler Einheiten ableiten lassen. Die Frage, wie weit intonatorische Bedeutungen kompositioneller oder holistischer Natur sind, ist für jede Sprache individuell zu beantworten.

Im folgenden Abschnitt stellen wir einige Verwendungsweisen der nuklearen und pränuklearen Konturen aus Kap. 6 vor und ziehen abstrakte semantische Merkmale heran, um den Beitrag dieser Konturen zur Äußerungsbedeutung zu beschreiben. Dabei beschränken wir uns wie erwähnt auf Bedeutungsunterschiede, die auf diskreter Variation im Bereich der tonalen Gestaltung beruhen. Wir betrachten also semantische Effekte der Konturwahl und lassen semantische Effekte kontinuierlicher Variation des Tonhöhenverlaufs soweit wie möglich außer Acht, auch wenn dies teilweise schwierig ist, insbesondere bei Akzentmodifikationen wie *Downstep* oder dem *Späten*

Gipfel (vgl. Kohler 2006). In Kap. 7.3 beziehen wir diese semantischen Merkmale dann auf tonale Kontraste, die mit den angesetzten Konturen realisiert werden, und deuten damit an, wie eine kompositionelle Intonationssemantik des Deutschen aufgebaut sein könnte.

7.2 Verwendung nuklearer und pränuklearer Konturen

Die Fallende Kontur (H*LL%)

Die *Fallende Kontur* ist die am häufigsten verwendete Kontur des Deutschen. Wenn man die *Fallende Kontur* mit *Downstep* hinzunimmt (!H*LL%), erfasst man bei natürlichen Gesprächen wie auch bei der Lesesprache meist mehr als drei Viertel aller Äußerungen.

Die *Fallende Kontur* wird insbesondere bei Aussagen verwendet. Unter Aussagen verstehen wir Äußerungen, mit denen die Geltung eines Sachverhalts (einer Proposition) zum Ausdruck gebracht wird. Die *Fallende Kontur* wird deshalb manchmal auch als ‚deklarative' Kontur bezeichnet.

(1) a. A: Wo ist Paula? B: Sie ist zuhause
                                                                 %L→   H*LL%

     b. A: Wie heißt du? B: Paula
                                                     %L H*LL%

Die Äußerungen in (2) zeigen, dass die H*LL%-Kontur nicht nur bei Aussagen auftritt, sondern auch bei Fragen (2a, b), Aufforderungen (2c) und bei der Anrede (2d).

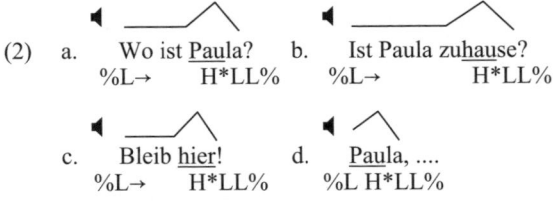

(2) a. Wo ist Paula?   b. Ist Paula zuhause?
        %L→   H*LL%   %L→   H*LL%

     c. Bleib hier!   d. Paula, ...
        %L→   H*LL%   %L H*LL%

Generell lässt sich feststellen, dass die *Fallende Kontur* die am vielseitigsten verwendbare Kontur ist. Offenbar schränken die semantischen Merkmale, die mit dem H*L-Akzent in nuklearer Position und dem finalen Grenzton L% verbunden sind, die möglichen Verwendungsweisen dieser Kontur kaum ein. Es fällt schwer, einen Äußerungskontext zu finden, in dem ein Satz nicht mit der Fallenden Kontur geäußert werden könnte.

Welche semantischen Merkmale mit H*L und L% verbunden sind, können wir am besten feststellen, wenn wir die *Fallende Kontur* mit anderen nuklearen Konturen vergleichen, die sich in der Wahl des Akzents oder des finalen Grenztons unterscheiden. Wir beginnen diesen Vergleich, indem wir die *Fallend-Steigende Kontur* hinzunehmen.

*Die Fallend-Steigende Kontur (H*LH%)*

Die *Fallend-Steigende Kontur* unterscheidet sich von der *Fallenden Kontur* aufgrund der Wahl des finalen Grenztons. H% kontrastiert an der finalen IP-Grenze mit L%.

Welchen Effekt hat nun die Wahl von H% anstelle von L%? In der Forschung besteht weitgehend Einigkeit darüber, dass H% in Sprachen wie dem Englischen oder Deutschen eine Form der Unabgeschlossenheit ausdrückt. Aber Unabgeschlossenheit auf welcher Ebene? Für das nördliche Standarddeutsche nehmen wir an, dass sich die Unabgeschlossenheit auf die Einbettung der Äußerung in den interaktiven Kontext und damit auf die Konversationsstruktur bezieht, wobei wir diesen Begriff auch auf scheinbar monologische Kommunikationsformen wie das Halten einer Rede anwenden.

Betrachten wir die Äußerungen in (3). (3a) lässt nicht erkennen, ob der Redebeitrag fortgesetzt werden soll oder nicht. Zumindest signalisiert das nicht die Tonstruktur. Mit der Äußerung in (3b) lässt sich hingegen kaum ein Redebeitrag beenden. Deshalb wirkt die Fortsetzung *Und wo ist Paul?* in (3b) unpassender als in (3a). In (3b) behandelt Sprecher A die Äußerung von B als potenziell abgeschlossen, was offenbar in Konflikt mit der Verwendung von H% steht.

(3) a.   A: Wo ist Paula?   B: Sie ist im Kino   A: Und wo ist Paul?
                                         %L→   H*LL%

b.   A: Wo ist Paula?   B: Sie ist im Kino   A: Und wo ist Paul?
                                      %L→   H*LH%

Eine Aussage mit der H*LH%-Kontur *projektiert* eine Fortsetzung des Redebeitrags, d. h. sie macht eine Fortsetzung erwartbar. H% signalisiert in diesem Sinne konversationelle Unabgeschlossenheit. L% signalisiert demgegenüber potenzielle konversationelle Abgeschlossenheit, was nicht ausschließt, dass der Redebeitrag trotzdem fortgesetzt wird. Die Fortsetzung wird beim Gebrauch von L% aber nicht mit intonatorischen Mitteln projektiert.

Der Aspekt der konversationellen Unabgeschlossenheit, der mit der Wahl von H% einhergeht, macht die *Fallend-Steigende Kontur* auch für Fragen geeignet. Dabei kommen mindestens zwei Verwendungsweisen für H% in Frage. Zum einen könnte sich H% auf die Unvollständigkeit der Frage-Antwort-Sequenz beziehen. Eine Frage verlangt in der Regel nach einer Antwort. Notwendig ist der finale hohe Grenzton bei Fragen aber nicht. Dass eine Äußerung als Frage zu verstehen ist, kann auch allein mithilfe lexikalisch-grammatischer Mittel oder durch die kontextuelle Einbettung sichergestellt werden. Zum anderen könnte sich H% auf die Unvollständigkeit des Redebeitrags beziehen. H% könnte anzeigen, dass nach einer entsprechenden Antwort eine weitere Frage zu erwarten ist, oder dass der Redebeitrag auf andere Weise fortgesetzt wird.

Die Hoch-Steigende Kontur (H* H%)

Die *Hoch-Steigende Kontur* unterscheidet sich von der *Fallend-Steigenden Kontur* dadurch, dass H* anstelle von H*L verwendet wird. Die Präsenz des Folgetons L kontrastiert hier mit der Abwesenheit eines Folgetons. Dieser Kontrast bezieht sich auf Aspekte der Informationsgliederung. Durch H* mit Folgeton (H*L) wird die akzentuierte Einheit als *informatorisch abgeschlossen* präsentiert, durch H* ohne Folgeton als *informatorisch unabgeschlossen*.

In (4a) tragen beide Eigennamen einen H*L-Akzent. Somit wird die erfragte zweiteilige Information gleichsam in zwei Portionen geliefert. In (4b) werden die Namen der Schwestern hingegen als Teile *einer* zweiteiligen Einheit präsentiert.

(4)   Wie heißen deine beiden Schwestern?

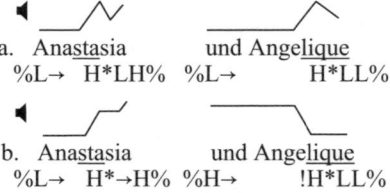

a. Anastasia   und Angelique
    %L→   H*LH%   %L→   H*LL%

b. Anastasia   und Angelique
    %L→   H*→H%   %H→   !H*LL%

In (4b) wird die Zusammengehörigkeit der beiden Informationseinheiten zusätzlich hervorgehoben, indem die zweite IP hoch einsetzt.

(5) zeigt, dass die Wahl von H* anstelle von H*L auch für den propositionalen Gehalt einer Aussage relevant sein kann.

(5) Paul, wer war gestern bei dir zu Besuch?

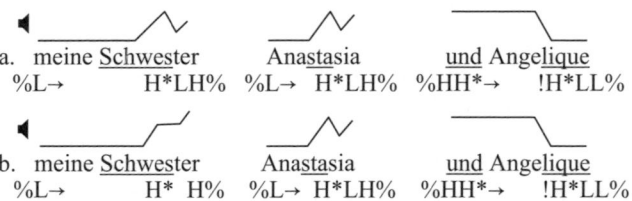

a. meine Schwester   Anastasia   und Angelique
   %L→   H*LH%   %L→ H*LH%   %HH*→   !H*LL%

b. meine Schwester   Anastasia   und Angelique
   %L→   H*   H%   %L→ H*LH%   %HH*→   !H*LL%

Nach (5a) könnten drei Personen zu Besuch gewesen sein: Pauls Schwester, Anastasia und Angelique. (5b) legt hingegen nahe, dass es sich nur um zwei Personen handelt: um Anastasia, die Pauls Schwester ist, und Angelique. Der Unterschied beruht auf der Präsenz bzw. Abwesenheit des Folgetons L in der ersten Kontur. Mit H*L werden in (5a) alle drei akzentuierten Einheiten gleichermaßen als informatorisch abgeschlossen präsentiert. In (5b) wird *meine Schwester* als informatorisch unabgeschlossen präsentiert. Damit wird nahe gelegt, dass *meine Schwester* und *Anastasia* informatorisch zusammengehören, was eine Interpretation von *Anastasia* als Apposition zu *meine Schwester* begünstigt. Allerdings ist die tonale Struktur nicht das einzige Ausdrucksmittel für diese Zwecke. In (5b) kann die Zusammengehörigkeit der ersten beiden IPs auch dadurch signalisiert werden, dass die zweite IP schneller an die erste angeschlossen wird als in (5a), was die Tonbeispiele illustrieren.

Auch bei Fragen lässt sich der Kontrast zwischen der Präsenz und der Abwesenheit des Folgetons nach nuklearem H* auf informatorische Abgeschlossenheit beziehen. In den meisten Kontexten können H* H% und H*LH% gleichermaßen verwendet werden. Fragen mit H* H% lassen allerdings eher eine Erweiterung zu, indem zusätzliche Alternativen genannten werden.

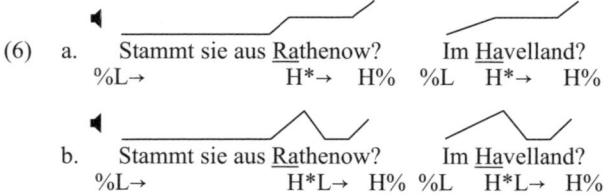

(6) a. Stammt sie aus Rathenow?   Im Havelland?
       %L→   H*→   H%   %L   H*→   H%

    b. Stammt sie aus Rathenow?   Im Havelland?
       %L→   H*L→ H%   %L   H*L→ H%

In (6a) trägt die Wahl von H* H% dazu bei, dass die zweite Frage als Erweiterung der ersten aufgefasst wird. In (6b) wird die zweite Frage eher wie eine zusätzliche Frage präsentiert. Trotzdem kann auch die Wahl einer Kontur mit dem Merkmal der informatorischen Abgeschlossenheit, wie H*LH% in der ersten IP von (6b), noch akzeptabel wirken, da die kommunikative Abhängigkeit der ersten von der zweiten Frage auch aufgrund der syntaktischen Konstruktion nahe gelegt wird.

Die Zweifach-Steigende Kontur (L*HH%)

Die *Zweifach-Steigende Kontur* unterscheidet sich von der *Fallend-Steigenden Kontur* (H*LH%) dadurch, dass L*H anstelle von H*L verwendet wird. Zugrunde liegt ein Kontrast zwischen H und L in der Position des Akzenttons (H* vs. L*). H und L kontrastieren nicht zusätzlich in der Position des Folgetons, denn die Tonqualität des Folgetons ist aufgrund der Wahl des Akzenttons vorhersagbar: nach H* folgt L, nach L* folgt H.

Der Kontrast zwischen H* und L* in nuklearer Position bezieht sich auf die kommunikative Relevanz der Information, die durch die akzentuierte Einheit (die Fokuskonstituente) vermittelt wird. H* signalisiert, dass die Information *unabhängig von etwas, was noch folgt oder erschließbar ist, kommunikativ relevant* ist. L* signalisiert, dass die Information *nur abhängig von etwas, was noch folgt oder erschließbar ist, kommunikativ relevant* ist. Diesen Unterschied illustriert (7).

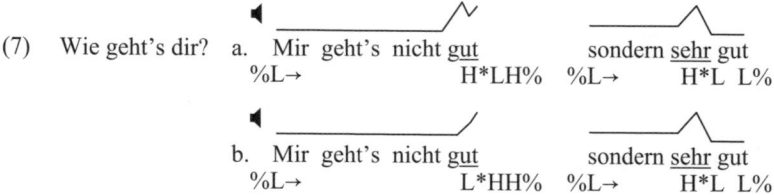

(7) Wie geht's dir? a. Mir geht's nicht gut   sondern sehr gut
                     %L→   H*LH%   %L→   H*L L%

                  b. Mir geht's nicht gut   sondern sehr gut
                     %L→   L*HH%   %L→   H*L L%

In (7) ist die erste Antwort nur in Verbindung mit der zweiten kommunikativ relevant. Auf der tonalen Ebene übernimmt diese Funktion der tiefe Akzentton. (7b) kann hier akzeptabler als (7a) wirken, da mit der Wahl des tiefen Akzenttons eben dieser Aspekt zum Ausdruck gebracht wird, dass nämlich die Aussage *Mir geht's nicht gut* nicht für sich genommen kommunikativ relevant ist. Verneint wird nicht, dass es der betreffenden Person gut geht, sondern dass es ihr lediglich gut geht und nicht sehr gut. (7a) kann demgegenüber weniger akzeptabel wirken, weil die Wahl von H* nahe legt, dass die Aussage *Mir geht's nicht gut* unabhängig von der zweiten relevant ist.

Bei Fragen lässt sich der Kontrast zwischen H und L in der Position des Akzenttons in nuklearer Position analog interpretieren. Betrachten wir die Beispiele in (8):

(8) a. A: Warst du gestern im Kino? B: Ja.
%L→ H*LH%

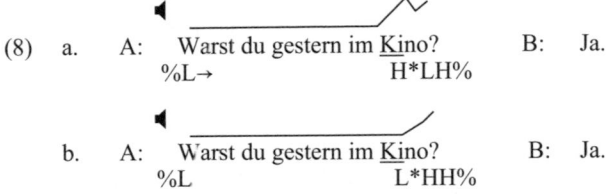

b. A: Warst du gestern im Kino? B: Ja.
%L L*HH%

In (8) beschränkt sich die Antwort jeweils auf die Information, die explizit erfragt wird, nämlich ob es zutrifft, dass B im Kino war oder nicht. In (8a) scheint diese Antwort ausreichend zu sein, in (8b) nicht. Dieser Unterschied lässt sich darauf zurückführen, dass die Wahl des hohen Akzenttons in (8a) anzeigt, dass die Frage kommunikativ unabhängig relevant ist. Es geht tatsächlich um die Information, die explizit erfragt wird. Die Wahl des tiefen Akzenttons in (8b) zeigt hingegen an, dass die Frage nicht allein im Hinblick auf das wörtlich Erfragte kommunikativ relevant ist. Es wird mehr als ein *ja* oder *nein* erwartet. Dieses Mehr kann auch explizit eingefordert werden wie in (9). In diesem Fall kann die Frage mit tiefem Akzentton akzeptabler wirken als die Frage mit hohem Akzentton (vgl. auch Selting 1995, Kap. 3).

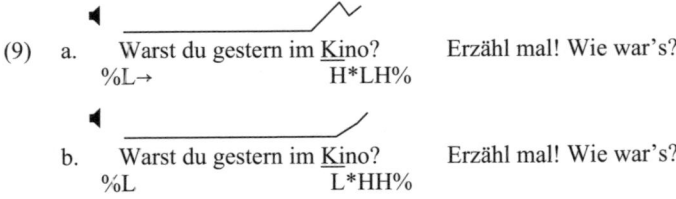

(9) a. Warst du gestern im Kino? Erzähl mal! Wie war's?
%L→ H*LH%

b. Warst du gestern im Kino? Erzähl mal! Wie war's?
%L L*HH%

Die Tief-Steigende Kontur (L* H%)

Die *Tief-Steigende Kontur* wird selten verwendet. Das lässt sich darauf zurückführen, dass die Wahl von L* als nuklearen Akzent aufgrund seiner semantischen Merkmale die Verwendungsmöglichkeiten der Kontur stärker einschränkt als die Wahl von H*L, H* oder L*H. Die *Tief-Steigende Kontur* unterscheidet sich von der *Hoch-Steigenden Kontur* (H* H%) dadurch, dass ein tiefer Akzentton anstelle eines hohen gewählt wird. Von der *Zweifach-Steigenden Kontur* (L*HH%) unterscheidet sie sich durch das Fehlen des Folgetons H. Wie die *Hoch-Steigende Kontur* (H* H%), aber im Unterschied zur *Zweifach-Steigenden Kontur* (L*HH%), präsentiert die *Tief-Steigende Kontur* die akzentuierte Einheit als informatorisch unabgeschlossen. Den Unterschied zeigt (10) analog zu den Beispielen in (5), in denen H*L mit H* kontrastiert wurde.

(10) Paul, wer war gestern bei dir zu Besuch?

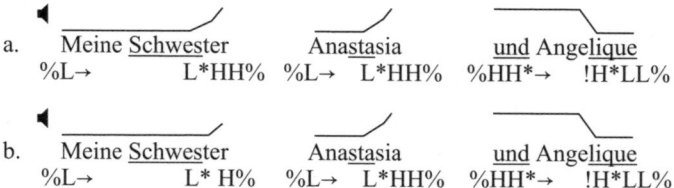

a. Meine Schwester   Anastasia   und Angelique
   %L→   L*HH%   %L→   L*HH%   %HH*→   !H*LL%

b. Meine Schwester   Anastasia   und Angelique
   %L→   L* H%   %L→   L*HH%   %HH*→   !H*LL%

(10a) legt wie (5a) nahe, dass drei Personen zu Besuch waren: Pauls Schwester, Anastasia und Angelique. (10b) legt hingegen wie (5b) nahe, dass es sich nur um zwei Personen handelt: um Anastasia, die Pauls Schwester ist, und Angelique. Der Unterschied beruht wiederum auf der Präsenz bzw. Abwesenheit des Folgetons in der ersten Kontur, der in diesem Fall H ist. Mit L*H werden in (10a) alle drei akzentuierten Einheiten gleichermaßen als informatorisch abgeschlossen präsentiert. In (10b) wird *meine Schwester* als informatorisch unabgeschlossen präsentiert. Damit wird nahe gelegt, dass *meine Schwester* und *Anastasia* informatorisch zusammengehören, was eine Interpretation von *Anastasia* als Apposition zu *meiner Schwester* begünstigt.

Wie die *Zweifach-Steigende Kontur* (L*HH%), aber im Unterschied zur *Hoch-Steigenden Kontur* (H* H%), signalisiert die *Tief-Steigende Kontur* ferner, dass die akzentuierte Einheit nicht unabhängig von etwas, was noch folgt oder erschlossen werden kann, kommunikativ relevant ist. Diesen Unterschied zur *Hoch-Steigenden Kontur* verdeutlicht (11).

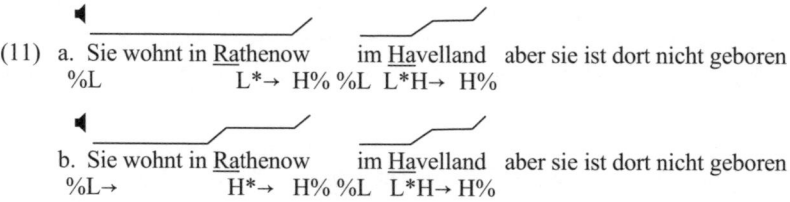

(11) a. Sie wohnt in Rathenow   im Havelland   aber sie ist dort nicht geboren
     %L   L*→ H% %L L*H→ H%

b. Sie wohnt in Rathenow   im Havelland   aber sie ist dort nicht geboren
   %L→   H*→ H% %L L*H→ H%

In (11a) wird durch die tiefen Akzenttöne angezeigt, dass die beiden IPs kommunikativ nicht unabhängig von dem relevant sind, was folgt. In (11b) wird dies nur mit der zweiten Kontur angezeigt, nicht mit der ersten. Deshalb kann die H* H%-Kontur hier weniger passend wirken als die L* H%-Kontur.

Die Verwendung der *Tief-Steigenden Kontur* bei Fragen ist unter Bezug auf die gleichen semantischen Merkmale beschreibbar. Fragen mit L* H% sind ebenso erweiterbar wie Fragen mit H* H%, wofür das Fehlen des Folgetons beim nuklearen Akzent verantwortlich ist. Das zeigen die Fragen in (12), die analog zu denen in (6) formuliert sind.

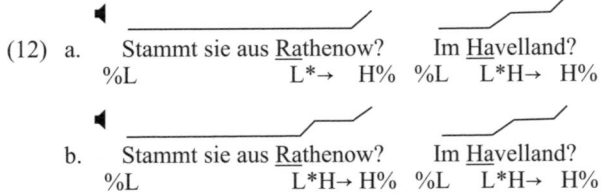

(12) a.   Stammt sie aus Rathenow?   Im Havelland?
         %L   L*→   H% %L   L*H→ H%

    b.   Stammt sie aus Rathenow?   Im Havelland?
         %L   L*H→ H% %L   L*H→ H%

Ebenso wie die H* H%-Kontur unterstützt die L* H%-Kontur eine Interpretation, wonach die zweite Frage als Erweiterung oder Präzisierung der ersten aufzufassen ist. Verantwortlich ist das mit H* bzw. L* verbundene Merkmal der informatorischen Unabgeschlossenheit. Trotzdem kann auch die Wahl einer Kontur mit dem Merkmal der informatorischen Abgeschlossenheit, wie L*HH% in der ersten IP von (12b), noch akzeptabel wirken, da die kommunikative Abhängigkeit der ersten von der zweiten Frage auch aufgrund der syntaktischen Konstruktion nahegelegt wird.

Plateaukonturen

Zu den Plateaukonturen zählen die *Fallend-Gleichbleibende Kontur* (H*L0%), die *Hoch-Gleichbleibende Kontur* (H* 0%) und die *Steigend-Gleichbleibende Kontur* (L*H0%) (s. Kap. 6.2). Mit ihnen wird signalisiert, dass das, was im Rahmen einer IP geäußert wird, als Teil eines mehrgliedrigen Ganzen zu verstehen ist. Daher werden Plateaukonturen häufig verwendet, um einzelne Aussagen als Teile einer Aufzählung zu präsentieren. In welcher Weise sich Aufzählungen mit den drei Konturen unterscheiden, ist bisher nicht hinreichend geklärt.

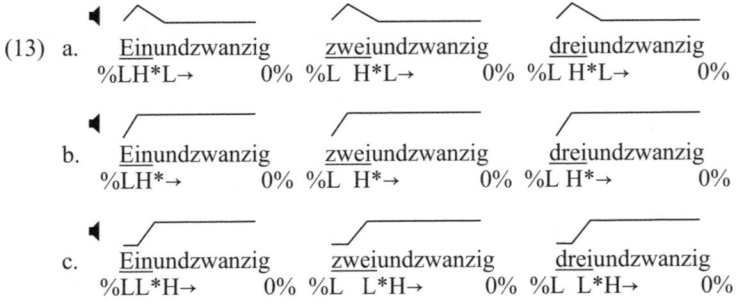

(13) a.   Einundzwanzig   zweiundzwanzig   dreiundzwanzig
       %LH*L→   0% %L H*L→   0% %L H*L→   0%

    b.   Einundzwanzig   zweiundzwanzig   dreiundzwanzig
       %LH*→   0% %L H*→   0% %L H*→   0%

    c.   Einundzwanzig   zweiundzwanzig   dreiundzwanzig
       %LL*H→   0% %L L*H→   0% %L L*H→   0%

Plateaukonturen können aber auch bei einzelnen Aussagen oder Fragen auftreten. In diesen Fällen fügt die Plateaukontur einen Aspekt von Routinehaftigkeit hinzu, wie die Fragen in (14) illustrieren.

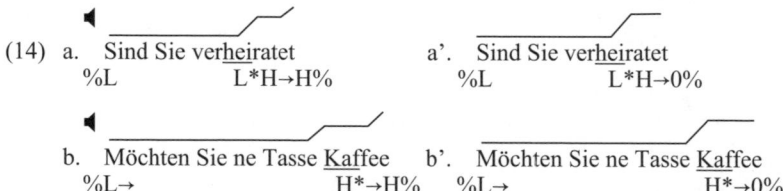

(14) a. Sind Sie verheiratet   a'. Sind Sie verheiratet
         %L   L*H→H%   %L   L*H→0%

    b. Möchten Sie ne Tasse Kaffee   b'. Möchten Sie ne Tasse Kaffee
       %L→   H*→H%   %L→   H*→0%

Im Unterschied zu den Fragen in (14a) und (14b) wirken die Fragen in (14a') und (14b') aufgrund der gewählten Plateaukontur, als würden sie nicht aus echtem Interesse gestellt. Sie erwecken vielmehr den Anschein, als würden sie nur als Teil eines festgelegten Fragenkatalogs gestellt, oder weil es die Situation erfordert.

Akzentmodifikationen

Downstep: Die Herabstufung eines nuklearen Akzents zeigt an, welche Rolle die vermittelte Information für den Gesprächsverlauf spielen soll. Wenn bei einer Aussage mit der H*LL%-Kontur der Akzent herabgestuft wird, wird damit angezeigt, dass die Geltung des Ausgesagten nicht als Anknüpfungspunkt für den weiteren Gesprächsverlauf dienen soll. In (15) wirkt !H*LL% ebenso akzeptabel wie H*LL%. Im Unterschied zu (15a) wird in (15b) mit der Herabstufung des H*L-Akzents die Endgültigkeit der Ablehnung unterstrichen.

(15) a.   Ich sage es zum letzten Mal: Nein
                                        %LH*LL%

    b.   Ich sage es zum letzten Mal: Nein
                                        %H!H*LL%

In (16b) wirkt !H*LL% hingegen weniger akzeptabel als H*LL% in (16a), denn die Fortsetzung in (16b) steht in Konflikt mit dem Aspekt der Abgeschlossenheit, den die Herabstufung des H*L-Akzents vermittelt.

(16) Wer ist Angelique?

    a. ◀ Sie ist meine Schwester. 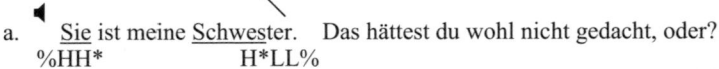 Das hättest du wohl nicht gedacht, oder?
       %HH*   H*LL%

    b. ◀ Sie ist meine Schwester. Das hättest du wohl nicht gedacht, oder?
       %HH*→   !H*LL%

Unter Bezug auf das Merkmal der Abgeschlossenheit kann auch erklärt werden, warum eine Äußerung wie in (17b) weniger höflich wirkt als die in (17a):

(17) a. ◀ Möchten Sie 'ne Tasse Kaffee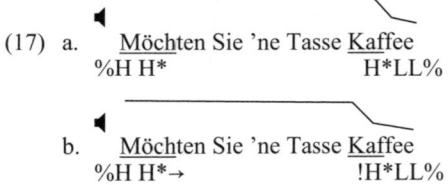
       %H H*   H*LL%

    b. ◀ Möchten Sie 'ne Tasse Kaffee
       %H H*→   !H*LL%

Mit (17a) wird die Möglichkeit offen gelassen, dass das Gegenüber etwas anderes als Kaffee trinken will. Mit (17b) wird hingegen nur erfragt, ob der Adressat Kaffee trinken will oder nicht. Umso weniger Optionen dem Gegenüber gelassen werden, umso weniger höflich wirkt das Angebot.

Später und Früher Gipfel: Der *Späte Gipfel* und der *Frühe Gipfel* beziehen sich auf die Relation zwischen der Geltung des Gesagten und Annahmen von Sprecher/in oder Adressat/in. Mit dem *Späten Gipfel* wird das Gesagte als für das Gegenüber überraschend oder unerwartet präsentiert (vgl. Kohler 1995). Dies lässt sich anhand der Äußerungen in (18) illustrieren. Das, was in (18b) zusätzlich ausgedrückt wird, lässt sich durch Fortsetzungen wie *auch wenn du das nicht gedacht hättest*, andeuten.

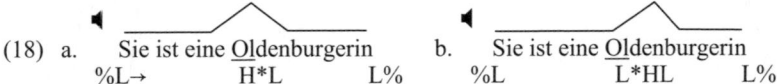

(18) a. ◀ Sie ist eine Oldenburgerin   b. ◀ Sie ist eine Oldenburgerin
       %L→   H*L   L%   %L   L*HL   L%

Bei Fragen bezieht sich der *Späte Gipfel* nicht auf die Relation des ausgedrückten Sachverhalts und Annahmen des Gegenübers, sondern der Sprecherin oder des Sprechers selbst. So lässt sich (19b) durch den Zusatz erweitern *das hätte ich aber nicht gedacht*.

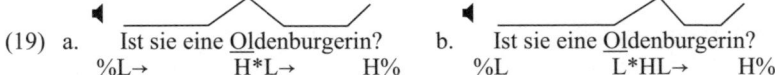

(19) a. Ist sie eine Oldenburgerin? b. Ist sie eine Oldenburgerin?
%L→ H*L→ H% %L L*HL→ H%

Allgemein lässt sich festhalten: Der *Späte Gipfel* signalisiert, dass aus Sprechersicht eine Diskrepanz zwischen dem, was geäußert oder impliziert wird, und möglichen Annahmen des Gegenübers (im Falle von Aussagen) oder der Sprecherin/des Sprechers (im Falle von Fragen) besteht. Bei Aussagen wie auch bei Fragen betrifft die Unerwartetheit in der Regel die Geltung des ausgedrückten, vorausgesetzten oder in Frage gestellten Sachverhalts. Bei Aussagen signalisiert der *Späte Gipfel*: Der betreffende Sachverhalt besteht, auch wenn das Gegenüber das nicht geglaubt hätte. Bei Entscheidungsfragen signalisiert der *Späte Gipfel*: Ist es wirklich so, dass der betreffende Sachverhalt besteht? Bei W-Fragen lässt sich eine analoge Interpretation finden:

(20) a. Warum ist sie nicht hier? b. Warum ist sie nicht hier?
%L→ H*LL% %L→ L*HLL%

(20b) lässt sich paraphrasieren durch *Ich frage nach dem Grund, warum sie nicht hier ist, und dass sie nicht hier ist, ist für mich unerwartet.*

Der *Frühe Gipfel* bringt zum Ausdruck, dass das Gesagte zu erwarten war oder allgemeiner, dass das Gesagte ‚unveränderlich gegeben ist', s. Kohler 1995, Niebuhr 2007). (21b) lässt sich entsprechend verstehen im Sinne von *Sie ist eine Oldenburgerin, das ist nun mal so.*

(21) a. Sie ist eine Oldenburgerin b. Sie ist eine Oldenburgerin
%HH* H*L L% %HH*→ H!H*L L%

Bei Fragen tritt der *Frühe Gipfel* deutlich seltener auf, am ehesten noch bei Fragen, die nach einer Bestätigung verlangen. (22b) lässt sich entsprechend paraphrasieren durch *Ich vermute, dass sie eine Oldenburgerin ist. Ist das richtig?*

(22) a. Ist sie eine Oldenburgerin? b. Ist sie eine Oldenburgerin?
%HH* H*L L% %HH*→ H!H*L L%

Der *Frühe Gipfel* scheint bei Bestätigungsfragen eine ähnliche Funktion zu haben wie die Partikel *also*: *Ist sie also eine Oldenburgerin?*

Dyspräferierte Konturen

Abbildung 10 in Kap. 6.2 zeigt, dass nuklear nur der H*L-Akzent in Kombination mit L% auftritt, nicht H* und auch nicht L*H oder L*. Tatsächlich sind Konturen wie H* L%, L*HL% oder L* L% in natürlichen Gesprächen im nördlichen Standarddeutschen gar nicht oder nur sehr selten anzutreffen. Bei der Beschreibung der Konturen des Englischen führt Gussenhoven (2004: 301ff) die Abwesenheit der H* L%-Kontur auf eine eigene phonologische Regel zurück, die die Verbindung von nuklearem H* und L% ausschließt. In unserem System ergibt sich die Dyspräferenz der H* L%-Kontur wie auch der L*HL%-Kontur und der L* L%-Kontur aus einer Unverträglichkeit der semantischen Merkmale, die mit den betreffenden nuklearen Akzenten und mit dem tiefen Grenzton verbunden sind. Wir hatten festgestellt, dass mit L% potenzielle konversationelle Abgeschlossenheit auf der IP-Ebene signalisiert wird. Dieses Merkmal ist aber kaum mit den Merkmalen vereinbar, die wir H*, L*H und H* zuschreiben. Bei der H* L%-Kontur steht die potenzielle konversationelle Abgeschlossenheit in Konflikt mit der informatorischen Unabgeschlossenheit der akzentuierten Einheit, die durch das Fehlen des nuklearen Folgetons verbunden ist. Bei der L*HL%-Kontur besteht ein Konflikt zwischen der potenziellen konversationellen Abgeschlossenheit und dem mit L* verbundenen Merkmal der fehlenden kommunikativen Unabhängigkeit. Eine IP, deren Relevanz von etwas abhängt, was noch folgt, ist kaum geeignet, um einen Redebeitrag abzuschließen. Bei der L* L%-Kontur treten beide Konflikte gleichzeitig auf. Die akzentuierte Einheit wird sowohl als informationell unabgeschlossen präsentiert als auch als kommunikativ nicht unabhängig relevant. Wenn H* L%, L*HL% und L* L% in natürlichen Gesprächen selten oder gar nicht zu finden sind, liegt das also daran, dass keine geeigneten Gesprächssituationen auftreten, in denen die mit diesen Konturen verbundenen semantischen Merkmale eine konsistente Interpretation zulassen.

Pränukleare Akzente

Die Anwesenheit bzw. Abwesenheit des Folgetons lässt sich bei den pränuklearen Akzenten wie bei den nuklearen Akzenten auf das Merkmal der informatorischen Abgeschlossenheit beziehen, wie (23) zeigt.

(23) Wie heißen deine beiden Schwestern?

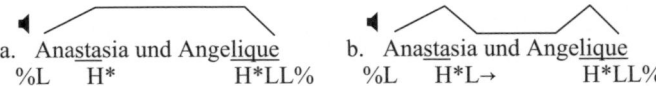

    a. Anastasia und Angelique   b. Anastasia und Angelique
       %L   H*   H*LL%   %L   H*L→   H*LL%

In (23a) werden die beiden Personen als Teil einer zweigliedrigen Einheit präsentiert. In (23b) wird die Information in zwei Portionen geliefert. Zunächst wird die erste Schwester genannt, dann die zweite.

    In der Regel stehen uns beide Möglichkeiten der Informationsgliederung zur Verfügung. Wir können zwei Dinge einzeln oder als zusammengehörig präsentieren. Deshalb wirken (23a) und (23b) im gegebenen Kontext gleichermaßen akzeptabel. Problematisch kann es werden, wenn wir Informationseinheiten, die wir gewöhnlich als nicht teilbar auffassen, durch die Verwendung von H*L-Akzenten als eine zweiteilige Einheit präsentieren. Das ist z. B. bei Eigennamen der Fall, die mehr als eine betonte Silbe aufweisen wie in (24a), oder auch bei entsprechenden Gattungsnamen wie in (24b). Solche Äußerungen können trotzdem akzeptabel wirken, wenn die mehrfache Akzentuierung der gleichen lexikalischen Einheit als Ausdruck von Emphase wahrgenommen wird.

(24) a. Angelique   Angelique   b. Elefant   Elefant
          %LH* H*LL% %LH*LH*LL%   %HH*H*LL% %HH*LH*LL%

Im Hinblick auf den Kontrast zwischen H und L in der Position des Akzenttons ist zwischen pränuklearen Akzenten zu unterscheiden, die als Fokusakzente fungieren, und solchen, die primär referentielle Funktion haben und nicht zusätzlich als Fokusakzent fungieren. Die Mehrzahl der pränuklearen Akzentvorkommen ist zum zweiten Typ zu rechnen.

    Bei Akzenten mit referentieller Funktion kann sich die Wahl des Akzenttons auf die Verfügbarkeit des Referenzobjekts beziehen. L (in L*H und L*) wird normalerweise gewählt, wenn das Referenzobjekt für die Adressaten/innen verfügbar ist. Als *verfügbar* kann ein Referenzobjekt gelten, wenn es zuvor erwähnt wurde, oder wenn das Referenzobjekt aus dem sprachlichen Kontext, dem situativen Kontext oder aufgrund von Weltwissen erschließbar ist. Mit H (in H*L und H*) wird das Referenzobjekt hingegen als für das Gegenüber nicht verfügbar behandelt. Den Unterschied illustrieren die Beispiele in (25).

(25) Wo ist Maria?

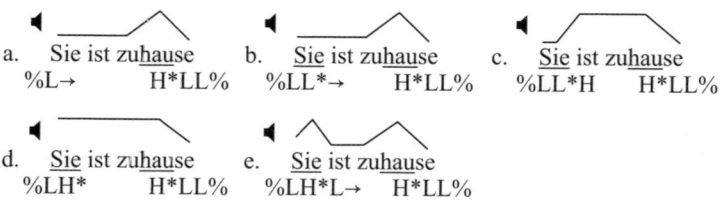

a. Sie ist zuhause
%L→   H*LL%

b. Sie ist zuhause
%LL*→   H*LL%

c. Sie ist zuhause
%LL*H   H*LL%

d. Sie ist zuhause
%LH*   H*LL%

e. Sie ist zuhause
%LH*L→   H*LL%

In (25) ist das Referenzobjekt von *sie* vorerwähnt. Deshalb kann *sie* unakzentuiert bleiben wie in (25a) oder einen Akzent mit tiefem Akzentton tragen wie in (25b) und (25c). Die Verwendung eines hohen Akzenttons wie in (25d) und (25e) ist möglich, kann aber irritierend wirken, da das Referenzobjekt, das durch die Frage *Wo ist Maria?* bereits eingeführt wurde, wie ein Referenzobjekt behandelt wird, das nochmals einzuführen ist.

Als Fokusakzente fungieren pränukleare Akzente, wenn eine IP mehr als eine fokussierte Konstituente umfasst. Das ist der Fall, wenn innerhalb einer IP mehrfacher Fokus vorliegt wie in (26a), oder wenn innerhalb einer IP mehr als eine Proposition ausgedrückt wird wie in (26b).

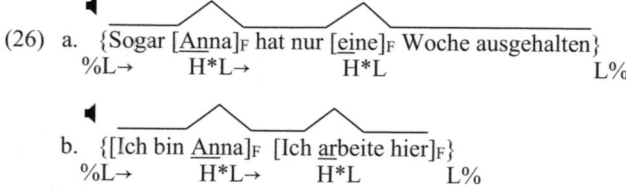

(26) a. {Sogar [Anna]_F hat nur [eine]_F Woche ausgehalten}
%L→   H*L→   H*L   L%

b. {[Ich bin Anna]_F [Ich arbeite hier]_F}
%L→   H*L→   H*L   L%

H vs. L an der vorderen IP-Grenze

Wir haben festgestellt, dass der tonale Kontrast zwischen H und L an der hinteren IP-Grenze die Abgeschlossenheit der konversationellen Aktivität und somit die Beziehung der IP zu nachfolgenden IPs betrifft. Der Kontrast zwischen H und L an der *vorderen* IP-Grenze betrifft demgegenüber die Beziehung der IP zur *vorangehenden* IP. Diese Beziehung betrifft offenbar weniger die konversationelle Einbettung der IP als ihre thematische Anbindung. %H nach L% wie auch %L nach H% führt zu Diskontinuität im Frequenzbereich und signalisiert auch thematische Diskontinuität. H% nach %H sichert Kontinuität im Frequenzbereich und signalisiert thematische Kontinuität. Diese Funktion von %H zeigt sich auch daran, dass eine einzelne IP, die eine Hutkontur realisiert (vgl. Kap. 6.3), mithilfe des Gebrauchs von %H auf zwei IPs verteilt werden kann, ohne dass sich die thematische Struktur verändert. Dies illustriert der Übergang von (27a) zu (27b).

(27) a. Ana<u>sta</u>sia und Ange<u>lique</u> b. Ana<u>sta</u>sia und Ange<u>lique</u>
       %L→ H*   H*LL%   %L→ H*→0% %H   H*LL%

Bei schnellem Anschluss einer IP an die vorangehende IP (dem sog. *Latching*) ist nicht immer entscheidbar, ob Kontinuität im Frequenzbereich nach hoch endender Kontur durch die Wahl von %H hergestellt wird oder durch eine erhöhte Realisierung von %L. Thematische Diskontinuität kann auch durch eine erhöhte Realisierung des ersten pränuklearen Akzents signalisiert werden, sofern dieser einen H-Ton umfasst.

7.3 Semantisches Merkmalsmodell

Unsere semantische Analyse der Intonation des Deutschen basiert auf zwei Annahmen: (i) *Einzelne phonologische Töne sind Träger semantischer Merkmale, aus denen komplexe Bedeutungen abgeleitet werden können.* Es wird also versucht, die Bedeutung der Konturen, soweit sich diese nicht in ihrem Gebrauch als idiomatisch erweisen, im Rahmen einer kompositionellen Semantik zu beschreiben. (ii) *Die semantischen Merkmale sind abstrakt.* Sie schränken die möglichen kommunikativen Funktionen einer Äußerung ein, legen sie aber nicht eindeutig fest.

Diese semantischen Merkmale sind mit den tonalen Kontrasten verbunden, die mit den für das Standarddeutsche angesetzten Konturen realisiert werden. Mithilfe der vier Tonhöhenakzente H*L, H*, L*H und L* werden zwei paradigmatische tonale Kontraste realisiert:

- *H versus L in der Position des Akzenttons*
  H* kontrastiert aufgrund des Akzenttons mit L*, aber es kontrastiert auch H*L mit L*H. Im letzteren Fall kontrastiert H mit L nur in der Position des Akzenttons, nicht in der Position des Folgetons, denn die Tonqualität in der Position des Folgetons ist aufgrund der Wahl des Akzenttons vorhersagbar: nach H* folgt L, nach L* folgt H.
- *Präsenz vs. Abwesenheit eines Folgetons*
  H*L kontrastiert mit H*, und L*H mit L*. Zur Verdeutlichung könnte man auch notieren: H*L vs. H*_, und L*H vs. L*_.

An den IP-Grenzen werden zwei weitere Kontraste realisiert:
- *H versus L in der Position eines Grenztons.*
  Dieser Kontrast wird an der vorderen und hinteren IP-Grenze realisiert.
- *Präsenz vs. Abwesenheit eines Grenztons.*
  Dieser Kontrast wird nur an der hinteren IP-Grenze realisiert. H% und L% kontrastieren hier mit 0% (im letzteren Falle wird der phonetische Zielpunkt an der IP-Grenze durch Ausbreitung des vorangehenden Tons spezifiziert).

Hinzu kommen die Akzentmodifikationen, mit denen tonale Kontraste realisiert werden, die den gesamten Tonhöhenakzent betreffen (*Downstep, Früher Gipfel* und *Später Gipfel*).

In Kap. 7.2 wurde gezeigt, dass sich die mit den tonalen Kontrasten verbundenen semantischen Merkmale auf fünf Aspekte der Äußerungsbedeutung beziehen lassen:

1) Die tonalen Kontraste, die mit Tonhöhenakzenten realisiert werden, beziehen sich auf *Aspekte der Informationsstruktur* (informatorische Abgeschlossenheit und kommunikative Relevanz).
2) Die Wahl des hinteren Grenztons betrifft den Status einer IP innerhalb eines Gesprächsabschnitts und damit die *Konversationsstruktur* (konversationelle Abgeschlossenheit eines Redebeitrags).
3) Die Wahl des vorderen Grenztons betrifft die *thematische Beziehung* der betreffenden IP zur vorangehenden IP (thematische Kontinuität bzw. Diskontinuität).
4) Plateaukonturen (mit Ausnahme der Rufkonturen) wurden als Konturen charakterisiert, mit denen das, was geäußert wird, als Teil eines mehrgliedrigen Ganzen qualifiziert wird, wie im Falle der Glieder einer Aufzählung. Entsprechend lässt sich der Kontrast zwischen gewöhnlichen Konturen (mit finalem Grenzton) und Plateaukonturen (ohne finalen Grenzton) auf die *konzeptuelle Struktur* des Geäußerten beziehen.
5) Die Akzentmodifikationen *Downstep, Später Gipfel* und *Früher Gipfel* vermitteln *Sprechereinstellungen*, und zwar *Einstellungen bezüglich der Geltung dessen, was geäußert wird.*

Tabelle 2 gibt eine Übersicht über die für das nördliche Standarddeutsch angesetzten tonalen Kontraste (Spalte 1), die Typen kontrastierender Einheiten (Spalte 2), die Tonsequenzen, mit denen diese Kontraste realisiert werden (Spalte 3) und die semantischen Bezugsbereiche der tonalen Kontraste (Spalte 4).

Tab. 2. Tonale Kontraste und ihre semantischen Bezugsbereiche. T steht für einen beliebigen Ton (H oder L). X steht für einen Tonhöhenakzent.

Kontrast	Kontr. Einheiten	Belege	Bezugsbereich
H vs. L	Akzentton	H* – L* H*L – L*H	Informationsstruktur
T vs. Ø	Folgeton	H*L – H* L*H – L*	
H vs. L	IP-Grenzton	H% – L%	Konversationsstruktur
		%H – %L	Thematische Struktur
T vs. Ø		H% – 0% L% – 0%	Konzeptuelle Struktur
X vs. !X	Tonhöhenakzent	H*L – !H*L H* – !H* L*H – L*!H	Sprechereinstellungen
X vs. L*X		H*L – L*HL	
X vs. HX		!H*L – H!H*L	

Abbildung 12 fasst die Merkmalsanalyse für die wichtigsten nuklearen Konturen zusammen. Die Konturen sind in der mittleren Zeile aufgelistet. Die oberen Zeilen zerlegen die Konturen nach der Wahl des Grenztons, des Akzenttons und des Folgetons. Im unteren Teil sind diesen drei Ebenen spiegelbildlich drei Ebenen semantischer Merkmale zugeordnet.

Abbildung 13 fasst die Merkmalsanalyse für die pränuklearen Akzente zusammen, soweit sie in referentieller Funktion gebraucht werden. Im Unterschied zu Abbildung 12 bleiben hier die Grenztöne unberücksichtigt.

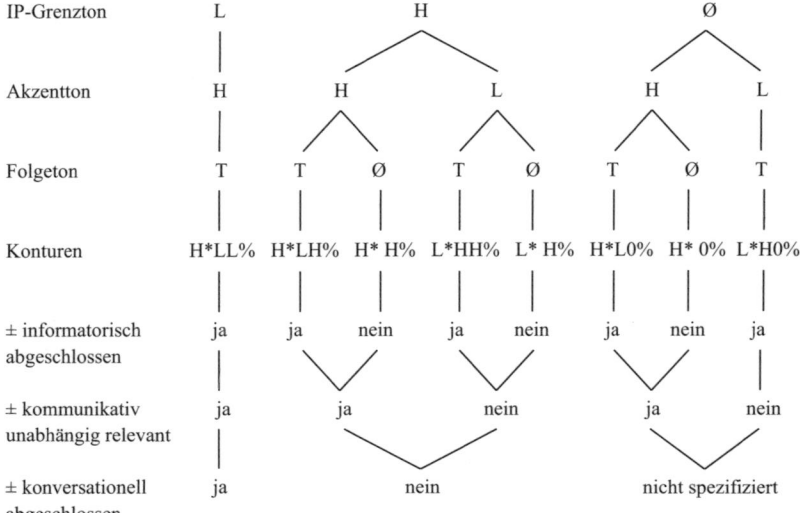

Abb. 12. Formmerkmale und semantische Merkmale der nuklearen Konturen des nördlichen Standarddeutschen.

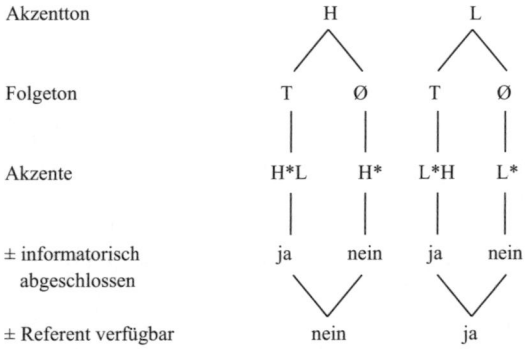

Abb. 13. Formmerkmale und semantische Merkmale der pränuklearen Akzente des nördlichen Standarddeutschen.

Das vorliegende Modell erfasst sicherlich nicht alle relevanten Aspekte einer Intonationssemantik. Der Hauptzweck des Modells besteht darin, eine Idee davon zu vermitteln, wie eine kompositionelle Intonationssemantik aussehen könnte, die sich auf abstrakte semantische Merkmale tonaler Einheiten stützt. Außerdem sei nochmals betont, dass sich dieses Modell nur auf die *diskrete, tonale* Variation bezieht, die mit der Konturwahl einhergeht. Unberücksichtigt bleibt die *kontinuierliche* Variation im Frequenz- und Zeitbereich, die gleichfalls relevant für die Interpretation einer Äußerung ist.

Aufgaben
a) Finden Sie Kontexte, in denen *Aussagen* mit folgenden Konturen akzeptabel wirken:
  (i)   %L H*L H*L H%   (ii) %L L*H L*HH%
  (iii) %L H* !H* !H*LL%   (iv) %L H*L L* H%
b) Finden Sie Kontexte, in denen *Fragen* mit den Konturen in (a) akzeptabel wirken.
c) Finden Sie Kontexte, in denen die Konturen in (a) bei Aussagen und Fragen wenig akzeptabel wirken. Versuchen Sie die verringerte Akzeptabilität unter Bezug auf semantische Merkmale zu erklären, die die Verwendung der jeweiligen Konturen einschränken.

Grundbegriffe: Intonatorische Bedeutung, sprachliche und parasprachliche Tonhöheneigenschaften.

Weiterführende Literatur: Ladd 1980, 2008, Gussenhoven 1984, 2004, Pierrehumbert & Hirschberg 1990, Bartels 1999, Baumann 2006, Kohler 2006, Peters 2006: 100ff, 2016, 2018, Niebuhr 2007; zur Interpretation konversationeller Fragen s. Selting 1995.

8 Intonation des Deutschen. Teil III: Phrasierung

In diesem Abschnitt stellen wir drei Phrasen vor, die für die intonatorische Gestaltung relevant sind: die Intonationsphrase, die Äußerungsphrase und den prosodischen Paragraphen. Die Frage, welche Rolle kleinere Phrasen als die Intonationsphrase spielen wie die in Kap. 4 erwähnte intermediäre Phrase, ist umstritten. Sie bleiben an dieser Stelle unberücksichtigt.

8.1 Intonationsphrasen

Als **Intonationsphrase** (*intonational phrase,* IP) bezeichnen wir denjenigen Abschnitt einer Äußerung, in dem eine vollständige Intonationskontur realisiert wird.

Die IP-Struktur wird nicht durch die syntaktische Struktur festgelegt. Insbesondere ergibt sich die Anzahl der IPs nicht zwingend aus der Anzahl syntaktischer Sätze oder Teilsätze. Wenn trotzdem IP-Grenzen bevorzugt mit Grenzen größerer syntaktischer Einheiten zusammenfallen und bestimmte Konturen bevorzugt bei bestimmten Satztypen verwendet werden, liegt dies daran, dass sich die Intonation (einschließlich der Phrasierung) und die Syntax teils auf gleiche Aspekte der Informationsstruktur beziehen und ein *Mismatch* zwischen beiden Signalisierungssystemen die Akzeptabilität der Kontur oder der Phrasierung verringern kann. Würde die Gliederung in IPs unmittelbar dem Ausdruck syntaktischer Eigenschaften dienen, könnte man Realisierungen wie in (1) kaum erklären, denn was sich hier neben der Intonation ändert, ist nicht die syntaktische Struktur, sondern die Art, in der die Information vermittelt wird. In (a) werden beide Personen in einem Zuge genannt, in (b) wird die gleiche Information in zwei Portionen geliefert.

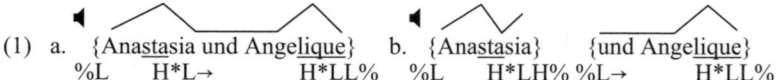

(1) a. {Ana<u>sta</u>sia und Ange<u>lique</u>} b. {Ana<u>sta</u>sia} {und Ange<u>lique</u>}
     %L H*L→   H*LL%   %L   H*LH% %L→   H*LL%

Für die Identifizierung von IPs kann auf zwei Ressourcen zurückgegriffen werden: auf Minimalitätsanforderungen und auf die akustische Realisierung.

Minimalitätsanforderungen: Da IPs die Domäne für Intonationskonturen bilden, ergeben sich für sie Minimalitätsanforderungen, die auch für vollständige und wohlgeformte Intonationskonturen gelten. Jede vollständige IP weist mindestens einen Tonhöhenakzent auf. Dies ist der nukleare Akzent. Insofern kann die Anzahl der IPs nicht größer sein als die Anzahl der nuklearen Tonhöhenakzente, die eine Äußerung trägt. Da Tonhöhenakzente an das Auftreten von Wortakzentsilben gebunden sind, die den Kopf eines Fußes bilden, kann außerdem festgestellt werden, dass die Zahl der IPs pro Äußerung nicht größer als die Zahl ihrer Füße ist.

Akustische Realisierung: Für die Identifizierung der IP-Struktur einer Äußerung werden zwei Typen akustischer Signale genutzt: globale Signale und lokale Signale. Die globalen Signale geben Auskunft darüber, auf wie viele IPs eine Äußerung verteilt wird. Die lokalen Signale geben Auskunft darüber, wo genau eine IP aufhört und die nächste beginnt.

Zu den *globalen Signalen* gehören der f_0-Verlauf, der zusammen mit der Akzentstruktur zur Identifizierung der jeweiligen Intonationskontur verwendet wird, und die globale Skalierung von f_0. Zu den *lokalen Signalen* gehören Diskontinuitäten im Frequenz- und Zeitbereich an den Grenzen der IPs. Zu den *Diskontinuitäten im Frequenzbereich* gehört der Gebrauch tonaler Mittel (z. B. die Wahl eines hohen initialen Grenztons nach einem tiefen finalen Grenzton der vorangehenden IP) und *Pitch Reset* in Form eines insgesamt erhöhten Einsatzes von f_0 zu Beginn einer IP (vgl. Kap. 5.1). Zu den *Diskontinuitäten im Zeitbereich* gehören die Verlangsamung der Sprechgeschwindigkeit am Ende einer IP, was sich insbesondere auf die Dauer der letzten Silbe einer IP auswirkt (phrasenfinale Dehnung), eine akustische Pause vor Beginn der nächsten IP sowie ein beschleunigter Einsatz zu Beginn der nächsten IP (vgl. Kap. 5.2). Auch Änderungen im Phonationsmodus, also in der Art der Stimmgebung, können das Ende von IPs markieren. Hierzu gehört insbesondere die sog. *Glottalisierung*, die sich in einer unregelmäßigen langsamen Schwingung der Stimmlippen zeigt, und die vor allem am Ende final fallender Konturen auftritt.

Intonationsphrasen können selbständig oder unselbständig auftreten. Entsprechend lässt sich zwischen *autonomen* und *klitischen IPs* unterscheiden. **Autonome IPs** treten selbständig auf, und ihre Tonstruktur ist unabhängig von der Tonstruktur einer vorangehenden IP. **Klitische IPs** setzen voraus, dass eine IP vorangeht, und ihre Tonstruktur hängt von der Tonstruktur der vorangehenden IP ab.

Im Deutschen weisen klitische IPs gewöhnlich nur zwei Töne auf, die den letzten beiden Tönen der vorangehenden IP entsprechen. Der letzte Ton ist ein finaler Grenzton und der vorletzte Ton entweder der Akzentton des nuklearen Akzents (bei H* und L*) oder der Folgeton dieses Akzents (bei H*L und L*H). Die letzten beiden Töne der vorangehenden IP werden gleichsam ‚kopiert', wie die Beispiele in (2) illustrieren (vgl. Gussenhoven 2004, Kap. 15). Die erste IP ist jeweils eine autonome IP, die zweite eine klitische IP. Die ‚kopierten' Töne der vorangehenden IP sind durch Fettdruck hervorgehoben. Der klitische Charakter der zweiten IP wird dadurch verdeutlicht, dass bei ihr keine linke IP-Grenze notiert wird.

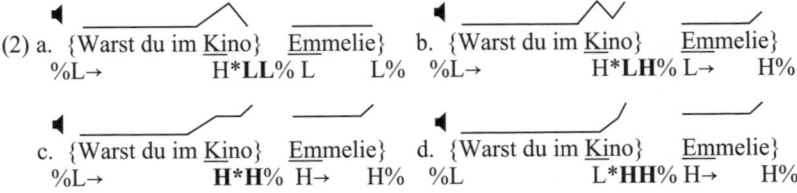

(2) a. {Warst du im Kino}   Emmelie}   b. {Warst du im Kino}   Emmelie}
    %L→   H***LL**% L   L%   %L→   H***LH**% L→   H%

   c. {Warst du im Kino}   Emmelie}   d. {Warst du im Kino}   Emmelie}
    %L→   **H*H**% H→   H%   %L   L***HH**% H→   H%

Häufig treten klitische IPs auch im Anschluss an die H* 0%-Kontur und die L*H0%-Kontur auf. In diesen Fällen übernimmt die klitische

Phrase den letzten Ton des nuklearen Akzents H und fügt einen hohen finalen Grenzton hinzu, der nach H erhöht realisiert wird.

(3) a. {Warst du im Kino} Emmelie}   b. {Warst du im Kino}   Emmelie}
    %L→   H*→0% H→   H%   %L→   L*H0% H→   H%

Von diesen Fällen sind Äußerungssequenzen wie in (4) zu unterscheiden, bei denen die angehängte Phrase einen eigenen Tonhöhenakzent trägt und eine eigene IP bildet. In diesen Fällen ist die tonale Struktur der zweiten IP unabhängig von der tonalen Struktur der ersten IP.

(4)   {Warst du im Kino}   {mit Emmelie}
       %L→   L*HH%   %L   L*H→ H%

8.2 Äußerungsphrasen

Die **Äußerungsphrase** (*utterance phrase*, UP) ist eine prosodische Phrase, die eine oder mehrere Intonationsphrasen (IPs) umfasst. Sie wird auch als *Phonologische Äußerung* bezeichnet.

UPs weisen im Unterschied zu IPs im Deutschen keine eigenen Grenztöne auf. Sie fungieren aber als Domänen für die Skalierung aufeinander folgender IPs. So können mehrere IPs, die zur gleichen UP gehören, einem übergeordneten Deklinationstrend folgen. Dieses Phänomen wird auch **Supra-Deklination** (*supra-declination*) genannt. In (5a) umfasst die Äußerung nur eine IP, die einer UP entspricht. In (5b) umfasst die Äußerung drei IPs, die Teile einer UP sind. In (5c) umfasst die Äußerung drei IPs, die jeweils einer UP entsprechen. IPs werden wie bisher durch geschweifte Klammern markiert, UPs durch eckige Klammern. Die gepunkteten Linien zeigen den tonalen Bezugsbereich an, die gestrichelten horizontalen Linien die Grenzen des tonalen Registers (s. Kap. 5.1). *Pitch Resets* werden durch vertikale Pfeile angezeigt.

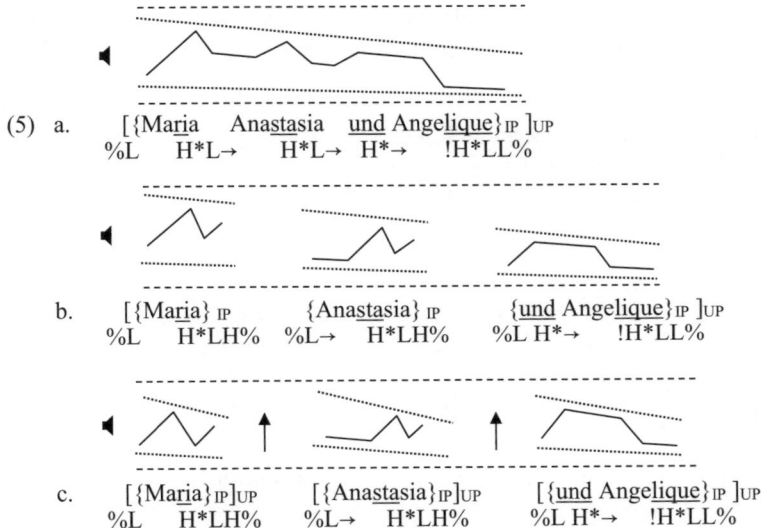

(5) a. [{Maria Anastasia und Angelique}IP]UP
    %L   H*L→   H*L→ H*→   !H*LL%

b. [{Maria} IP {Anastasia} IP {und Angelique}IP]UP
   %L H*LH% %L→ H*LH%   %L H*→   !H*LL%

c. [{Maria}IP]UP [{Anastasia}IP]UP [{und Angelique}IP]UP
   %L H*LH%   %L→ H*LH%   %L H*→   !H*LL%

Dass es sich in (5b) um drei IPs handelt, lässt sich an der tonalen Struktur erkennen: Die hohen Zielpunkte am Ende von *Maria* und *Anastasia* lassen sich weder als Akzenttöne auffassen, da sie nicht auf Akzentsilben auftreten, noch als Folgetöne von Akzenttönen, da kein entsprechender Akzentton zur Verfügung steht. Es handelt sich somit um Grenztöne. Da Grenztöne nur an IP-Grenzen auftreten, muss nach *Maria* und *Anastasia* jeweils eine IP enden. Das Gleiche gilt für (5c), mit dem Unterschied, dass hier nach jedem IP-Ende ein *Reset* der Tonhöhe erfolgt und der Deklinationstrend von neuem beginnt, was den Beginn einer neuen UP anzeigt.

UPs umfassen potenziell mehr als eine IP, sind also in diesem Sinne ‚große' Phrasen. Gleichwohl können auch einzelne Wortformen eine eigene UP bilden, denn eine UP muss nicht mehr als eine IP enthalten, und eine IP nicht mehr als eine Wortform. Solche Ein-Wort-Äußerungen sind besonders häufig in Frage- und Antwort-Sequenzen anzutreffen wie in (6).

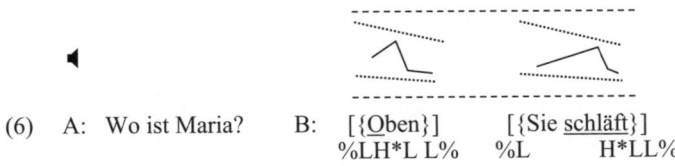

(6) A: Wo ist Maria?   B: [{Oben}]   [{Sie schläft}]
                            %LH*L L%   %L   H*LL%

UPs werden normalerweise wie IPs von *einer* Sprecherin oder *einem* Sprecher produziert. Es ist aber auch möglich, dass IPs und UPs aus der Kooperation zweier Sprecher/innen hervorgehen, wie (7) illustriert.

(7) A: Wen habt ihr gestern im Kino getroffen?
    B: Maria und Anastasia ....
    C: und Angelique.

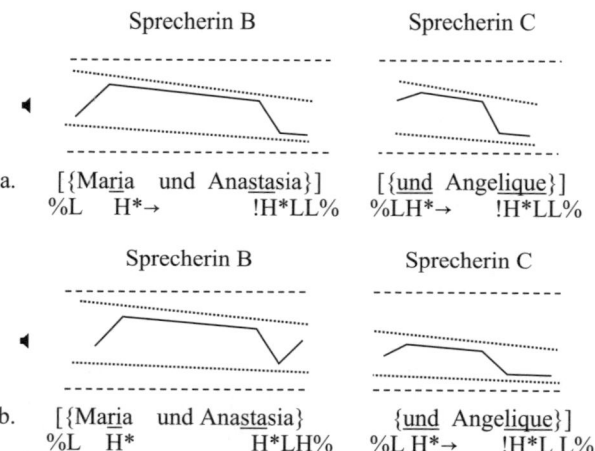

a. [{Ma<u>ri</u>a und Ana<u>sta</u>sia}]   [{<u>und</u> Ange<u>lique</u>}]
    %L   H*→   !H*LL%   %LH*→   !H*LL%

b. [{Ma<u>ri</u>a und Ana<u>sta</u>sia}   {<u>und</u> Ange<u>lique</u>}]
    %L   H*   H*LH%   %L H*→   !H*L L%

In (7a) liegen zwei UPs vor, die jeweils eine IP umfassen. Der Beginn der zweiten UP ist am *Pitch Reset* erkennbar. In (7b) wird die Äußerung von B um eine weitere IP ergänzt. Dass zwei IPs vorliegen, ist an dem hohen Grenzton am Ende von *Anastasia* erkennbar. Dass Sprecherin C die UP von Sprecherin B um eine weitere IP verlängert, ist daran zu erkennen, dass sie den tonalen Bezugsbereich übernimmt.

Eine solche koordinierte Äußerungskonstruktion kann Ausdruck eines kooperativen Gesprächsstils sein. Es kommt aber auch vor, dass Aufzählungen zunächst unvollständig bleiben, weil der Sprecherin oder dem Sprecher nichts weiter einfällt, um die begonnene Aufzählung abzuschließen. Konstruktionen, die zur Vervollständigung solcher unabgeschlossener Äußerungen führen, werden in der Gesprächsanalyse als eine besondere Form von *Reparaturen* aufgefasst (Schegloff et al. 1977).

Bei der Analyse der prosodischen Kohärenz von Äußerungen verschiedener Sprecher/innen muss berücksichtigt werden, dass die absolute Höhe des jeweils gewählten tonalen Registers und des tonalen Bezugsbereichs je nach Stimmumfang der Sprecher/innen variiert.

Deshalb ist die Lage der Register der Sprecherinnen B und C in (7a) und (7b) zueinander nicht im absoluten Sinne zu verstehen. Dies wird durch die Unterbrechung der Linien angedeutet, die die Grenzen des tonalen Registers bzw. des tonalen Bezugsbereichs markieren.

8.3 Prosodischer Paragraph

Äußerungsphrasen können zu größeren Einheiten gruppiert werden, die als prosodische Paragraphen bezeichnet werden. Ein **prosodischer Paragraph (PPa)** enthält eine oder mehrere UPs und damit auch eine oder mehrere IPs. Die Bezeichnung erinnert an die Gruppierung von Sätzen zu Absätzen (engl. *paragraph*) in der Schriftsprache.

Für die Annahme einer solchen größeren Phrasierungseinheit spricht, dass insbesondere bei längeren monologischen Äußerungssequenzen wie gelesenen Nachrichtenmeldungen häufig mehrere aufeinanderfolgende UPs einem übergeordneten Deklinationstrend folgen. Es handelt sich dabei um einen Fall der erwähnten Supra-Deklination, allerdings auf UP-Ebene. Ein Beispiel für Supra-Deklination auf UP-Ebene liefert (8) (die Beispiele 8-10 stammen aus Fuhrhop & Peters 2013).

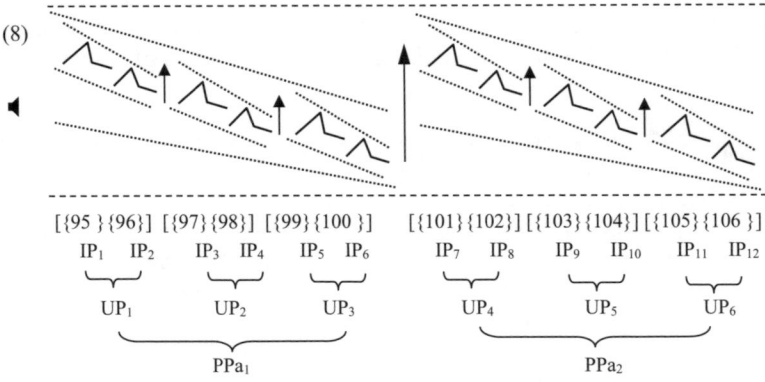

In (8) weisen jeweils zwei aufeinanderfolgende IPs einen gemeinsamen übergeordneten Deklinationstrend auf, aufgrund dessen sie als Bestandteile zweigliedriger UPs aufgefasst werden können. Darüber hinaus weisen die ersten drei und die letzten drei aufeinander folgenden UPs jeweils einen gemeinsamen übergeordneten Deklinationstrend auf. Sie lassen sich als Bestandteile dreiteiliger prosodischer Phrasen auffassen, die Beispiele für prosodische Paragraphen sind.

Zur Identifizierung prosodischer Paragraphen in (8) trägt aber nicht nur der übergeordnete Deklinationstrend über mehrere UPs als globales Merkmal bei, sondern auch der Gebrauch eines höheren Neueinsatzes von f_0 im Rahmen des *Pitch Reset* als lokalem Abgrenzungsmittel. Die Position des höheren Neueinsatzes von f_0 in (8) wird durch den größeren Pfeil markiert.

Ein höherer Neueinsatz kann auch *allein* zur Gruppierung von UPs in prosodische Paragraphen dienen, wie Beispiel (9) illustriert.

(9)

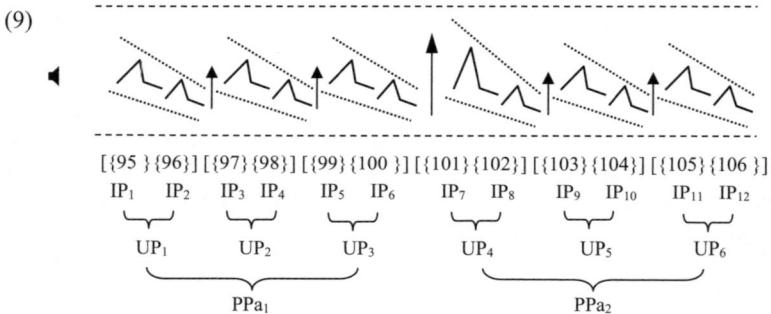

Ein weiteres lokales Mittel zur Gruppierung von UPs in prosodische Paragraphen ist die Konturwahl. So genügt in (10) die Wahl der *Fallend-Steigenden Kontur* anstelle der *Fallenden Kontur* auf der letzten IP der dritten UP, um die Aufzählung in zwei Teile zu gliedern.

(10)

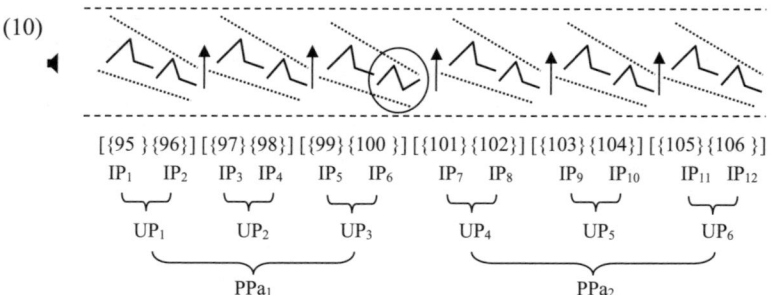

Zur Abgrenzung prosodischer Paragraphen werden ferner solche prosodischen Mittel verwendet, die auch zur Abgrenzung von IPs dienen: phrasenfinale Dehnung, schneller Einsatz in der nächsten Phrase sowie Sprechpausen. Sprechpausen scheinen allein hinzureichen, um eine Gruppierung von UPs in prosodische Paragraphen sicherzustellen, wie Beispiel (11) zeigt.

(11)

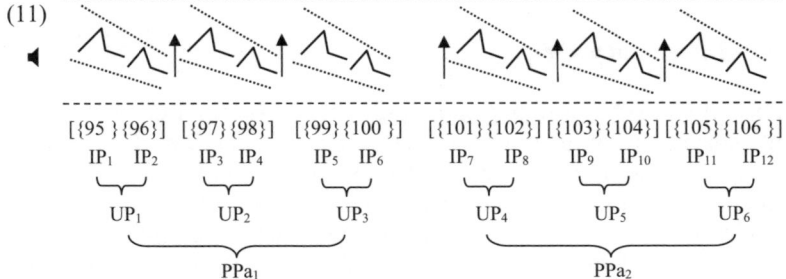

Ebenso wie die Absatzgliederung in der Schriftsprache ist die Gliederung in prosodische Paragraphen ein Mittel, um eine Äußerungssequenz in größere thematische Einheiten zu gliedern.

Aufgaben
Hören Sie sich die verschiedenen Leseversionen der Fabel *Die Sonne und der Nordwind* (◀) auf der Webseite an.
a) Gliedern Sie die Leseversionen in Intonationsphrasen, Äußerungsphrasen und ggf. in prosodische Paragraphen.
b) Notieren Sie die prosodischen Merkmale, aufgrund derer Sie die Grenzen der Phrasen bestimmen. Achten Sie insbesondere auf Diskontinuitäten im Zeitbereich (Pausen, phrasenfinale Dehnung, etc.) und auf globale und lokale Merkmale der Skalierung (Deklination, *Pitch Reset,* Präsenz hoher Grenztöne etc.).

Grundbegriffe: Intonationsphrase, autonome vs. klitische IP, Äußerungsphrase, Supra-Deklination, prosodischer Paragraph.

Weiterführende Literatur: Selkirk 1984, 2005, Wichmann 2000, Gussenhoven 2004, Ladd 2008, Nespor & Vogel 2008, Fuhrhop & Peters 2013, Kap. I 8-9, Truckenbrodt 2013.

9 Intonation und linguistische Nachbargebiete

9.1 Intonation und Syntax

Die syntaktische Struktur einer Äußerung ist in mindestens drei Bereichen für die intonatorische Gestaltung relevant: bei der prosodischen Phrasierung, bei der Akzentzuweisung und bei der Wahl der Intonationskontur. Im Deutschen legen syntaktische Eigenschaften jedoch in keinem dieser Bereiche intonatorische Eigenschaften vollständig fest. Teils besteht ein nur indirekter Zusammenhang, teils schränkt die syntaktische Struktur die intonatorischen Gestaltungsmöglichkeiten in diesen Bereichen lediglich ein. Betrachten wir die drei Bereiche der Reihe nach.

Prosodische Phrasierung: Die verbreitete Annahme, dass die prosodische Phrasierung mehr oder weniger aus der syntaktischen Phrasierung ableitbar ist, dürfte daher rühren, dass die Grenzen von Intonationsphrasen häufig tatsächlich mit den Grenzen syntaktischer Konstituenten zusammenfallen, insbesondere mit Satz- und Teilsatzgrenzen. Die Analyse spontansprachlicher Daten zeigt jedoch, dass die Gliederung in Intonationsphrasen ausgesprochen variabel ist. Gleiche syntaktische Strukturen lassen oft mehr als eine IP-Gliederung zu, wie (1) illustriert (vgl. auch Kap. 4.2 und 8.1).

(1) a.   {Gerda hat Geburtstag}
          %L H*L→   H*L L%

  b.   {Gerda}   {hat Geburtstag}
       %L H*LH% %L→   H*L L%

Intonationsphrasen müssen ferner nicht einmal syntaktischen Konstituenten entsprechen. Bei der parenthetischen Konstruktion in (2) bilden *Paul ist* und *beim Marathon mitgelaufen* keine eigenen syntaktischen Konstituenten. Trotzdem können sie vollständigen Intonationsphrasen entsprechen.

(2)   {Paul ist}   {jedenfalls sagt er das}   {beim Marathon mitgelaufen}
      %L H*L H% %L→   H* L→ H%   %L   H*L   L%

Häufig fällt auch die Grenze einer Intonationsphrase (IP) nicht mit der stärksten, sondern mit einer schwächeren syntaktischen Grenze zusammen:

(3) a.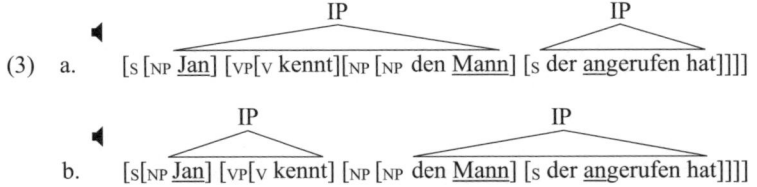
[s [NP Jan] [VP[V kennt][NP [NP den Mann] [s der angerufen hat]]]]

b. [s[NP Jan] [VP[V kennt] [NP [NP den Mann] [s der angerufen hat]]]]

Variante (b) erscheint weniger akzeptabel als Variante (a), obwohl in Variante (b) die zweite Intonationsphrase das gesamte Objekt zu *kennen* umfasst, in Variante (a) hingegen nur den Relativsatz.

Es gibt allerdings einige Fälle, in denen die prosodische Phrasierung allein zur Disambiguierung syntaktischer Strukturen führen kann. Ein Beispiel ist die Abgrenzung von Infinitivsätzen nach Verben wie *befürchten* oder *bedauern* + *nicht* (vgl. Lieb 1980):

(4) a.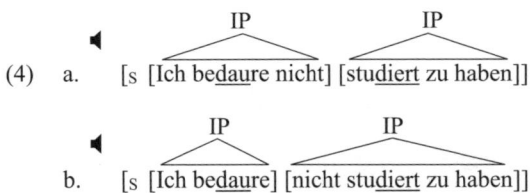
[s [Ich bedaure nicht] [studiert zu haben]]

b. [s [Ich bedaure] [nicht studiert zu haben]]

Anwendung von Akzentzuweisungsregeln: Die Akzentzuweisung ist für die intonatorische Gestaltung insofern relevant, als sie festlegt, an welcher Stelle syntaktische Akzente auftreten, die durch phonologische Akzente und insbesondere durch Tonhöhenakzente realisiert werden (vgl. Kap. 1.2). Akzentzuweisungsregeln beziehen sich ganz offenbar auf syntaktische Strukturen. So kann der Satz *Kerstin ist eine Oldenburgerin* nur dann als neutrale Aussage fungieren, wenn der Fokusakzent, der als Satzakzent fungiert, auf *Oldenburgerin* fällt. Dies lässt sich aufgrund der syntaktischen Struktur vorhersagen (vgl. Uhmann 1991). Bei engem Fokus können aber auch andere Wörter den Fokusakzent tragen (z. B. *Kerstin ist eine Oldenburgerin*). Dies zeigt, dass sich die Akzentposition nicht allein aus der Syntax ableiten lässt, sondern nur unter zusätzlicher Berücksichtigung der Fokus-Hintergrund-Gliederung oder allgemein der Informationsstruktur.

Wahl der Intonationskontur: Verbreitet ist auch die Annahme, dass die Wahl der Intonationskontur eng mit der syntaktischen Struktur korreliert. Dem steht die in der Konversationsanalyse verbreitete Auffassung gegenüber, Intonation und Syntax seien interagierende, teils auch konkurrierende Signalisierungssysteme (z. B. Auer 1996,

Selting 2005). Für letztere Auffassung spricht, dass es schwerfällt, Intonationskonturen zu finden, die eng an die Wahl bestimmter syntaktischer Strukturen oder syntaktisch definierter Satztypen gebunden sind. Auch besondere Satztypen, z. B. Imperativsätze, bilden hier keine Ausnahme. Imperativsätze werden im Deutschen üblicherweise mit der *Fallenden Kontur* realisiert. Allerdings dürfte der Grund hierfür weniger in den syntaktischen Eigenschaften von Imperativsätzen zu finden sein als in den beschränkten Verwendungsmöglichkeiten von Sätzen, die wie die Imperativsätze für Aufforderungen eingesetzt werden. Außerdem ist die Verwendungsweise von Imperativsätzen auch nicht so stark eingeschränkt, wie es auf den ersten Blick scheint. Dies wird deutlich, wenn man sie in unterschiedliche Kontexte einbettet:

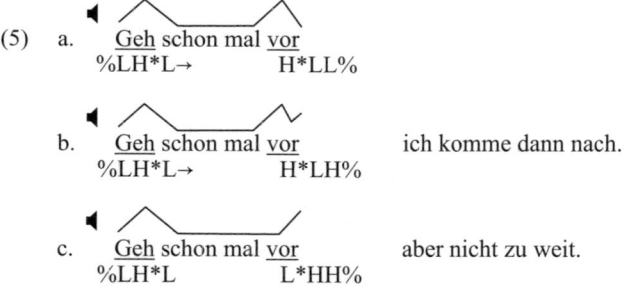

(5) a. Geh schon mal vor
%LH*L→ H*LL%

b. Geh schon mal vor ich komme dann nach.
%LH*L→ H*LH%

c. Geh schon mal vor aber nicht zu weit.
%LH*L L*HH%

Dass traditionell ein enges Verhältnis zwischen Syntax und Intonation im Deutschen angenommen wurde, dürfte mindestens zwei Gründe haben: Zum einen wurden in den entsprechenden Studien gewöhnlich nicht spontansprachliche Daten zugrunde gelegt, sodass der Umfang der intonatorischen Variation bei vergleichbaren syntaktischen Konstruktionen häufig unterschätzt wurde. Zum anderen lässt sich wie im Fall der Phrasierung tatsächlich häufig eine Korrelation zwischen bestimmten syntaktischen Strukturen und der intonatorischen Gestaltung (der Konturwahl) beobachten, die sich aber darauf zurückführen lässt, dass beide Gestaltungsmittel teilweise gleiche Aspekte der Informationsstruktur zum Ausdruck bringen.

9.2 Intonation und Gesprächsanalyse

Intonation als Teil der Prosodie spielt sowohl in diskursanalytischen Ansätzen (z. B. Brazil et al. 1980) als auch in konversationsanalytischen Ansätzen eine wichtige Rolle, insbesondere im Rahmen der *Interaktionalen Linguistik* (Couper-Kuhlen & Selting 1996). Aus konversationsanalytischer Sicht stellt die Prosodie ein eigenständiges Signalisierungssystem dar, das mit dem grammatischen Signalisierungssystem interagiert und konkurriert. Einige Vertreter/innen der Konversationsanalyse betonen, dass prosodische Mittel keine kontextfreien Bedeutungen haben, sondern lediglich ein Bedeutungspotenzial, das erst in der kontextuellen Einbettung einer Äußerung zu konkreten Interpretationen führt, die von den Gesprächsbeteiligten gemeinsam konstituiert oder ausgehandelt werden. In Kap. 7 wurde demgegenüber angenommen, dass die tonalen Einheiten sehr wohl als Träger semantischer Merkmale aufgefasst werden können. Die Bedeutungen, die diese Merkmale vermitteln, sind kontextfrei, aber sie sind so abstrakt, dass sie nur im Rahmen des interaktiv konstituierten Äußerungskontextes für die Beteiligten konkret interpretierbar werden. Im vorliegenden Kapitel soll wenigstens angedeutet werden, wie die in Kap. 7 vorgestellte Intonationsgrammatik für zentrale Fragestellungen der Konversationsanalyse nutzbar gemacht werden kann.

Die Intonationsphrase (IP) wurde als Domäne für eigenständige Intonationskonturen bestimmt. Sie hat sich auch als wichtigste prosodische Phrase für die interaktive Organisation von Gesprächen herausgestellt. Die zentrale Rolle der IP zeigt sich darin, dass sie in der Konversationsanalyse als primäre *Turn*-Konstruktionseinheit aufgefasst wird. Der IP wird deshalb in dem im deutschen Sprachraum verbreiteten *Gesprächsanalytischen Transkriptionssystem* (GAT, Selting et al. 2011) jeweils eine eigene Transkriptzeile zugewiesen.

Die Rolle der IP wie auch der tonalen Gestaltung kann anhand der Steuerung des Sprecherwechsels *(turn taking)* verdeutlicht werden. Sowohl das Angebot der *Turn*-Übernahme von Sprecherseite als auch die *Turn*-Übernahme durch Selbstauswahl erfolgt in der Regel am Ende einer IP. Ein reibungsloser Sprecherwechsel wird dadurch erleichtert, dass das IP-Ende in den meisten Fällen für die Gesprächspartner/innen vorhersehbar ist. Hierzu trägt die Skalierung der IP bei (Deklination, *Final Lowering*), relevant sind aber auch andere prosodische Mittel wie die Verringerung der Sprechgeschwindigkeit am IP-Ende, die sich unter anderem in phrasenfinaler Dehnung der letzten Silbe oder des letzten Fußes der IP zeigt. Besonders reich ist das

Inventar intonatorischer Gestaltungsmittel mit einer *Turn*-Haltefunktion. Es handelt sich um Gestaltungsmittel, die Unabgeschlossenheit oder Unselbständigkeit auf verschiedenen Ebenen signalisieren. Mindestens vier Formen der Unabgeschlossenheit bzw. Unselbständigkeit lassen sich unterscheiden:

- *Konversationelle Unabgeschlossenheit.* Es handelt sich um eine Unabgeschlossenheit der jeweiligen konversationellen Aktivität. Sie kann durch einen hohen Grenzton (H%) signalisiert werden.
- *Kommunikative Unselbständigkeit.* Sie kann durch nukleare L*-Akzente (L*H und L*) signalisiert werden. L*-Akzente machen deutlich, dass die akzentuierte Einheit kommunikativ nicht unabhängig von etwas, was noch folgt oder erschlossen werden kann, relevant ist.
- *Konzeptuelle Unvollständigkeit.* Sie kann durch Plateaukonturen signalisiert werden, die ohne eigenen Grenzton enden (0%). Ein Beispiel sind Aufzählungen.
- *Thematische Unabgeschlossenheit.* Sie kann durch die Skalierung der IP signalisiert werden, wenn mit dem IP-Ende noch nicht das Ende eines übergeordneten Deklinationstrends erreicht wird, wie im Falle der IPs, die in Beispiel (8) von Kap. 8.3 in nicht-finaler Position eines prosodischen Paragraphen auftreten.

Neben diesen interaktiv oder inhaltlich ausgerichteten *Turn*-Haltemitteln gibt es noch weitere prosodische Mittel, die die Wahrscheinlichkeit einer *Turn*-Übernahme durch Gesprächsbeteiligte verringern. Hierzu gehört das in Kap. 7.2 erwähnte *Latching*, der unmittelbare Anschluss einer IP an die vorangehende IP, was häufig mit tonaler Assimilation einhergeht (etwa der erhöhten Realisierung von %L nach H%) sowie einer erhöhten Sprechgeschwindigkeit zu Beginn der folgenden IP. Die Wahrscheinlichkeit einer *Turn*-Übernahme kann aber auch dadurch verringert werden, dass mehr als ein syntaktischer Satz in eine IP integriert wird.

9.3 Intonatorische Variation und Dialektologie

Der ‚Tonfall' gilt als eines der auffälligsten Merkmale dialektaler Unterschiede im deutschen Sprachraum, insbesondere im westmitteldeutschen und westoberdeutschen Raum. Dies dürfte auch der Grund dafür gewesen sein, dass die frühesten Versuche intonatorischer Beschreibungen im ausgehenden 19. und beginnenden 20. Jahrhundert im Rahmen der Dialektologie entstanden sind. In diese Zeit geht auch die These von der Zweiteilung des deutschen

Sprachraums in sprechmelodischer Hinsicht zurück. Eduard Sievers behauptete in seiner Antrittsrede als Rektor der Universität Leipzig 1901, dass sich im Deutschen ‚zwei konträre Generalsysteme der Melodisierung' gegenüberstünden. Wo die einen Sprecher eine hohe Tonlage wählten, würden die anderen eine tiefe Tonlage wählen, und wo die einen die Tonhöhe steigen ließen, ließen die anderen sie fallen. Diese Generalsysteme lassen sich nach Sievers (1901/1912: 62f) Sprechern aus dem Norden und dem Süden des deutschen Sprachgebiets zuordnen, während man in den mittleren Regionen wechselhafte Verhältnisse antreffe. Sievers' These lässt sich zumindest mit Bezug auf den alemannischen Sprachraum im Südwesten Deutschlands und in der deutschsprachigen Schweiz in Abgrenzung von den übrigen Varietäten im deutschen Sprachraum erhärten (Gilles 2005, Peters 2006). In vielen dialektalen Varietäten des Alemannischen lassen sich Intonationssysteme nachweisen, die auf den ersten Blick tatsächlich den Eindruck einer ‚Umkehrung' der Melodieverläufe entstehen lassen. So entspricht der *Fallenden Kontur* des nördlichen Standarddeutschen in Freiburg eine Kontur, die auf der nuklearen Akzentsilbe ansteigt und erst auf der betonten Silbe des letzten Fußes wieder abfällt. Diesen Unterschied illustrieren die Melodieverläufe in (6a) und (6b). Die Tonbeispiele versuchen den Tonhöhenverlauf in standarddeutscher Lautung nachzuahmen (für authentische Tonbeispiele aus Freiburg s. Peters 2006).

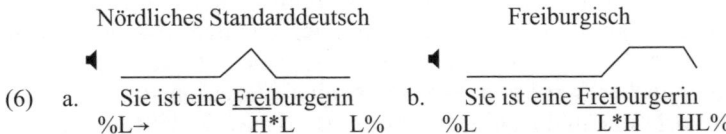

(6) a. Sie ist eine Freiburgerin b. Sie ist eine Freiburgerin
         %L→   H*L   L%   %L   L*H   HL%

Interessanterweise werden die Entsprechungen zu den für das nördliche Standarddeutsche angesetzten Akzentmodifikationen *Downstep* und *Später Gipfel* im Freiburgischen nicht auf der nuklearen Akzentsilbe realisiert, sondern auf der betonten Silbe des letzten Fußes der IP. Bei *Downstep* beginnt die Fallbewegung früher auf der betonten Silbe, und bei der Entsprechung zum *Späten Gipfel* wird die letzte betonte Silbe höher realisiert, wie die Beispiele in (7) illustrieren (die gepunktete Linie zeigt den unmodifizierten Freiburger Melodieverlauf).

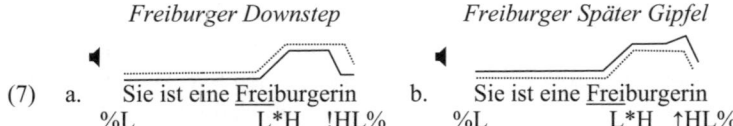

(7) a. Sie ist eine Freiburgerin b. Sie ist eine Freiburgerin
       %L   L*H !HL%   %L   L*H ↑HL%

Betrachtet man ausschließlich Äußerungen, bei denen nach der nuklearen Akzentsilbe kein weiterer Fuß folgt, kann der Eindruck entstehen, dass im Freiburgischen lediglich der nukleare Akzentgipfel nach hinten verschoben wird wie im Beispiel (8b). Und tatsächlich bleibt im standardnahen Deutsch vieler Freiburger/innen nur die späte Gipfelbildung auf der nuklearen Akzentsilbe als regionales Merkmal erhalten, sodass der Kontur H*LL% des nördlichen Standarddeutschen funktional eine Kontur entspricht, die durch die Tonfolge L*HL% oder L*HLL% (statt dialektal L*HHL%) wiedergegeben werden kann.

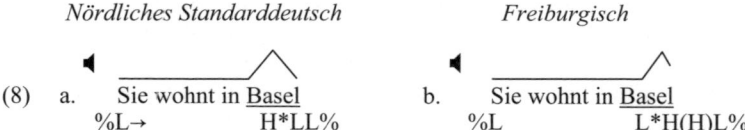

(8) a. Sie wohnt in Basel   b. Sie wohnt in Basel
       %L→   H*LL%   %L   L*H(H)L%

Sievers' These zielt auf eine Form der intonatorischen Variation ab, die in der modernen Intonationsphonologie als *systemische Variation* bezeichnet wird (Ladd 2008: 116). **Systemische Variation** betrifft das Inventar an phonologischen Einheiten, auf dem das intonatorische System beruht. Mit Ladd (2008) lässt sich zusätzlich zwischen phonotaktischer Variation, realisatorischer Variation und semantischer Variation unterscheiden. **Phonotaktische Variation** betrifft die Beziehungen zwischen Tönen und der lautlichen Ebene sowie die Abfolge und Kombinierbarkeit von Tönen innerhalb der gleichen Kontur. **Realisatorische Variation** betrifft Unterschiede in der phonetischen Realisierung intonatorischer Einheiten. **Semantische Variation** betrifft die semantischen Merkmale, die mit einzelnen intonatorischen Kontrasten verbunden sind.

Die westgermanischen nationalen Standardvarietäten des Englischen, des Niederländischen und des Deutschen in Deutschland und Österreich haben sehr ähnliche Intonationssysteme, was das Inventar an tonalen Einheiten und die realisierten tonalen Kontraste betrifft. Dies trifft auch auf das Niederdeutsche zu sowie auf das Westfriesische und Ostfriesische in Gestalt des Saterfriesischen. Bedeutsame systemische Unterschiede finden sich in den regionalen Varietäten des Englischen (vor allem auf den Britischen Inseln), in den Provinzen Limburg der südöstlichen Niederlande und Belgiens sowie innerhalb von Deutschland im Rheinland, im Moselfränkischen (einschließlich Luxemburg), in der südlichen Pfalz und – wie das Beispiel des Freiburgischen gezeigt hat – im schwäbisch-alemannischen Raum, unter Einschluss der hoch- und höchstalemannischen Dialekte der Schweiz. Zur intonatorischen Variation tragen im deutschen und belgisch-niederländischen Raum wortprosodische Besonderheiten bei, die im Bereich des nördlichen Niederdeutschen als Schleifton bzw. Überlänge bekannt sind und im mittelfränkisch-südniederfränkischen Raum (limburgische, rheinische und moselfränkischen Dialekte) als *Rheinische Schärfung*, als Unterscheidung zwischen *Stoßton* und *Schleifton* oder in moderner Terminologie als sog. *Tonakzente* (vgl. Kap. 1.1).

Neben systemischen Unterschieden treten in den Varietäten des Deutschen und anderer westgermanischer Sprachen bedeutende Unterschiede in der phonetischen Realisierung von Intonationskonturen auf. Diese Unterschiede betreffen unter anderem die zeitliche Ausrichtung von Akzentgipfeln und das Ausmaß, in dem Konturen trunkiert oder komprimiert werden (vgl. Kap. 5.3).

Für die dialektologische und generell für die sprachvergleichende Intonationsforschung ist die systemische Variation von besonderem Interesse. Dabei ist es ein verbreiteter Irrtum zu glauben, systemische Übereinstimmungen oder Unterschiede zwischen der Intonation zweier Sprachen ließen sich an Übereinstimmungen und Unterschieden in der Notation ablesen. Die Feststellung, dass zwei Sprachen den Tonhöhenakzent H*L oder die Kontur H*LL% aufweisen, lässt nicht den Schluss zu, dass es sich um den ‚gleichen' Akzent oder um die ‚gleiche' Kontur handelt. **Phonologische Äquivalenz** tonaler Einheiten ergibt sich nicht aus der gleichen Notation, sondern aus dem gleichen **phonologischen Gehalt** der entsprechenden Einheiten. Nach klassischer strukturalistischer Auffassung besteht der phonologische Gehalt eines Phonems aus seinen ‚phonologisch relevanten' Eigenschaften, d. h. aus denjenigen Eigenschaften, die einerseits allen Varianten des betreffenden Phonems gemeinsam sind, und die andererseits dieses Phonem von allen anderen Phonemen derselben Sprache unterscheiden (Trubetzkoy 1939: 59, Fuhrhop & Peters 2013, Kap. I 3.1). Im Rahmen einer distinktiven Merkmalsauffassung verfügen zwei Phoneme über den gleichen phonologischen Gehalt, wenn sie mithilfe der gleichen distinktiven Merkmale definierbar sind. Angenommen, zwei Sprachen A und B verfügten über das Phonem /p/. Ohne weitere Kenntnis der Lautsysteme beider Sprachen könnten wir nicht sagen, ob das /p/ in Sprache A das ‚gleiche'

/p/ ist wie in Sprache B. Wenn Sprache A neben /p/ auch /pʰ/ aufweist, während Sprache B zwar [p] und [pʰ] realisiert, diese in Sprache B aber Allophone eines Phonems /p/ sind, dann unterscheidet sich der phonetische Gehalt des Phonems /p/ in den beiden Sprachen. Das Phonem /p/ der Sprache A enthält zusätzlich das Merkmal [- aspiriert], welches in Sprache B für den bilabialen stimmlosen Plosiv nicht distinktiv ist. Dass beide *p*-Laute als /p/ notiert werden, lässt also nicht den Schluss zu, dass beide Laute auch phonologisch äquivalent sind.

Zwei tonale Einheiten unterschiedlicher Systeme können ebenfalls nur dann als phonologisch äquivalent gelten, wenn sie in ihrem jeweiligen System den gleichen phonologischen Gehalt haben. Entsprechend können zwei Intonationssysteme nur dann als ‚gleich' gelten, wenn jeder tonalen Einheit des einen Systems eine tonale Einheit im anderen System mit dem gleichen phonologischen Gehalt entspricht und umgekehrt. Dabei dürfen allerdings nur Töne in den gleichen strukturellen Positionen miteinander verglichen werden. Der H-Ton von LH* z. B. befindet sich in einer anderen strukturellen Position als der H-Ton von L*H oder HL*. Ebenso besetzt ein hoher Grenzton eine andere strukturelle Position als ein hoher Akzentton.

Der hier eingeführte Begriff der phonologischen Äquivalenz intonatorischer Systeme hat überraschende Konsequenzen. Betrachten wir drei fiktive Varietäten A, B und C. Angenommen, diese drei Varietäten verfügten lediglich über die in Tabelle 3 aufgeführten Tonhöhenakzente („<H" steht für einen ‚späten Gipfel' im Sinne von Ladd 1983, <L für ein ‚spätes Tal').

Tab. 3. Tonhöhenakzente dreier fiktiver Varietäten.

	Tonhöhenakzente			
Varietät A	H*	L*		
Varietät B	H*	L*	<H*	<L*
Varietät C			<H*	<L*

Auf den ersten Blick könnte man annehmen: (1) Varietät B weist die gleichen Akzente H* und L* auf wie Varietät A und zusätzlich zwei weitere Akzente <H* und <L*; (2) Varietät B weist die gleichen Akzente <H* und <L* wie Varietät C auf und zusätzlich H* und L*; (3) Varietät A und C weisen keine gemeinsamen Akzente auf.

Alle drei Aussagen sind jedoch unzutreffend. In Varietät A kontrastiert H mit L in der gleichen strukturellen Position. Distinktiv ist hier das Merkmal [±hoch] (oder [±tief]). In Varietät B kontrastiert H* mit L* und <H*, ferner kontrastiert L* mit H* und <L*. Distinktiv sind hier die Merkmale [±hoch] und [± spät]. Somit unterscheidet sich der phonologische Gehalt von H* in Varietät A und B. In Varietät A umfasst er das Merkmal [+hoch], in Varietät B die Merkmale [+hoch] und [+spät]. Entsprechendes gilt für L*. In Varietät C ist wie in Varietät A nur das Merkmal [±hoch] distinktiv. <H* und <L* in Varietät C weisen somit den gleichen phonologischen Gehalt auf wie H* und L* in Varietät A (aber nicht in Varietät B). Dass die Akzente in Varietät C spät realisiert werden, betrifft anders als in Varietät B nur ihre phonetische Realisierung. In phonologischer Hinsicht können wir also festhalten: Varietät A und C weisen phonologisch äquivalente Akzente auf, während keiner der Akzente von Varietät B äquivalent mit einem Akzent von Varietät A oder Varietät C ist.

Dieses fiktive Beispiel macht deutlich, wie wichtig es ist, für phonologische Analysen immer die gesamten Systeme heranzuziehen. Tut man das nicht, besteht die Gefahr, dass man phonetisch ähnliche Akzente zweier Varietäten, die gleich notiert werden, für phonologisch gleiche Akzente hält wie im Fall von H* und L* in Varietät A und Varietät B, oder dass man phonetisch verschieden realisierte Akzente für phonologisch verschiedene Akzente hält wie H* und L* in Varietät A und <H* und <L* in Varietät C.

Aufgaben
a) *Intonation und Syntax:*
   Prüfen Sie, ob es andere Satztypen als den Imperativsatz gibt, die nur mit *einer* nuklearen Kontur verwendet werden, etwa bestimmte Typen von Fragesätzen (Echofragesätze, Alternativfragesätze) oder Exklamativsätze (*Was habe ich nicht alles erlebt! Hast du aber Glück!*). Lassen sich unterschiedliche nukleare Akzente verwenden? Oder unterschiedliche finale Grenztöne?
b) *Intonation und Gesprächsanalyse:*
   Achten Sie einmal auf die Tonhöhenverläufe von Rezipientensignalen wie *ja, aha, hm*. Lassen sich allen oder wenigstens einigen dieser Einheiten Intonationskonturen zuordnen, wie sie für das Standarddeutsche angesetzt werden? Wenn ja, lassen sich die entsprechenden Konturen auch unter Bezug auf die semantischen Merkmale beschreiben, die in Kap. 7 angesetzt wurden?

c) *Intonatorische Variation:*
Manche Sprecher/innen des Berlinischen verwenden nukleare Konturen, wie sie in Kap. 6 auch für das Standarddeutsche angesetzt wurden, machen aber keinen Gebrauch von einem finalen hohen Grenzton nach einem Tiefton. Sie vermeiden also die H*LH%-Kontur und die L* H%-Kontur. Welche Folgen hat dies für den phonologischen Gehalt von L%? Sind die H*LL%-Konturen im Berlinischen und im nördlichen Standarddeutschen phonologisch äquivalent?

Grundbegriffe: Systemische Variation, phonotaktische Variation, realisatorische Variation, semantische Variation, phonologische Äquivalenz, phonologischer Gehalt.

Weiterführende Literatur: Für abweichende Auffassungen zur Beziehung zwischen Syntax und prosodischer Phrasierung s. Selkirk 1986, 2005 und Truckenbrodt 2017, für die Beziehung zwischen Intonation und Satztyp s. Altmann et al. 1989 und Truckenbrodt 2013; zur Rolle der Syntax für die Akzentzuweisung s. Uhmann 1991; zur Beziehung zwischen Intonation und Gesprächsanalyse s. Selting 1995, Couper-Kuhlen & Selting 1996, 2005; zur regionalen Variation der Intonation des Deutschen s. Gilles 2005, Peters 2006, Kügler 2007, Bergmann 2008, Gilles & Siebenhaar 2009 und Peters et al. 2015.

Literatur

Altmann, Hans, Batliner, Anton & Oppenrieder, Wilhelm (Hg.) (1989): Zur Intonation von Modus und Fokus im Deutschen. Tübingen: Niemeyer.
Atterer, Michaela & Ladd, D. Robert (2004): "On the phonetics and phonology of 'segmental anchoring' of F0: evidence from German". Journal of Phonetics 32, 177–197.
Auer, Peter (1996): "On the prosody and syntax of turn-continuations". In: E. Couper-Kuhlen & M. Selting (eds.), Prosody in conversation. Interactional studies. Cambridge: CUP, 57–100.
Bartels, Christine (1999): The intonation of English statements and questions. A compositional interpretation. New York: Garland.
Baumann, Stefan (2006): The intonation of givenness: Evidence from German. Tübingen: Niemeyer.
Beckman, Mary E. & Ayers, G. E. (1997): Guidelines for ToBI labelling (version 3.0, March 1997): The Ohio State University Foundation. (http://ling.ohio-state.edu/ Phonetics/ToBI/ToBi_homepage.html)
Beckman, Mary E. & Pierrehumbert, Janet B. (1986): "Intonational structure in Japanese and English". Phonology Yearbook 3, 15–70.
Bergmann, Pia (2008): Regionalspezifische Intonationsverläufe im Kölnischen. Formale und funktionale Analysen steigend-fallender Konturen. Tübingen: Niemeyer.
Boersma, Paul & Weenink, David (1992-2013): Praat: doing phonetics by computer (Software): http://www.praat.org/
Brazil, David, Coulthard, Malcom & Johns, Catherine (1980): Discourse intonation and language teaching. Harlow: Longman.
Bredel, Ursula (2011): Interpunktion. Heidelberg: Universitätsverlag Winter.
Bruce, Gösta (1977): Swedish word accents in sentence perspective. Lund: Gleerup.
Couper-Kuhlen, E. & Selting, M. (1996): "Towards an interactional perspective on prosody and a prosodic perspective on interaction". In: E. Couper-Kuhlen & M. Selting (eds.), Prosody in conversation. Interactional studies. Cambridge: CUP, 11–56.
Cruttenden, Alan (1995): Intonation. Cambridge: CUP
Fant, Gunnar (1960): Acoustic theory of speech production. The Hague: Mouton.
Féry, Caroline (1993): German intonational patterns. Tübingen: Niemeyer.
Féry, Caroline & Kügler, Frank (2008): "Pitch accent scaling on given, new and focused constituents in German". Journal of Phonetics, 36, 680–703.
Fox, Anthony (1984): German intonation. Oxford: Clarendon Press.
Fuhrhop, Nanna & Peters, Jörg (2013): Einführung in die Phonologie und Graphematik. Stuttgart: Metzler.
Gilles, Peter (2005): Regionale Prosodie in Deutschen. Variabilität in der Intonation von Abschluss und Weiterweisung. Berlin, New York: de Gruyter.
Gilles, Peter & Siebenhaar, Beat (2009): "Areal variation in prosody". In: P. Auer & J. E. Schmidt (eds.): Language and space: Theories and methods. An international handbook of linguistic variation. Berlin, New York: de Gruyter, 785–803.

Goldsmith, John (1976): Autosegmental phonology. PhD thesis, MIT, published 1979 by Garland Press, New York.
Grabe, Esther (1998): Comparative intonational phonology: English and German. Wageningen. Diss. University of Nijmegen.
Grice, Martine & Baumann, Stefan (2002): „Deutsche Intonation und GToBI". Linguistische Berichte 191, 267–298.
Grice, Martine; Ladd, D. Robert & Arvaniti, Amalia (2000): "On the place of phrase accents in intonational phonology". Phonology 17, 143–185.
Grice, Martine; Baumann, Stefan & Benzmüller, Ralf (2005): "German intonation in Autosegmental-Metrical Phonology". In: J. Sun-Ah (ed.), Prosodic typology. The phonology of intonation and phrasing. Oxford: OUP, 55–83.
Grice, Martine & Baumann, Stefan (2016): Intonation in der Lautsprache: Tonale Analyse. In: Ulrike Domahs und Beatrice Primus (Hg.): Handbuch Laut, Gebärde, Buchstabe. Berlin, Boston: de Gruyter, 84–105.
Gumperz, J. J. (1992): "Contextualization and understanding". In: A. Duranti & C. Goodwin (eds.): Rethinking context: language as an interactive phenomenon. Cambridge: CUP, 229–52.
Gussenhoven, Carlos (1984): On the grammar and semantics of sentence accents. Dordrecht: Foris.
Gussenhoven, Carlos (2004): The phonology of tone and intonation. Cambridge: CUP.
Gussenhoven, Carlos (2005): "Transcription of Dutch intonation". In: S.-A. Jun (ed.), Prosodic typology. The phonology of intonation and phrasing. Oxford: Oxford University Press, 118–145.
Gussenhoven, Carlos; Rietveld, Anthony C.M. & Terken, Jaques (2003): ToDI: Transcription of Dutch Intonation, Second Edition. http://todi.let.kun.nl/ToDI/home.htm
Gussenhoven, Carlos & Peters, Jörg (2004): "A tonal analysis of Cologne *Schärfung*". Phonology 21, 251–185.
Halliday, Michael A. K. (1967): Intonation and grammar in British English. The Hague: Mouton.
Jun, Sun-Ah (ed.) (2005): Prosodic typology: The phonology of intonation and phrasing. Oxford: OUP.
Jun, Sun-Ah (ed.) (2014): Prosodic typology II: The phonology of intonation and phrasing. Oxford: OUP.
Kingdon, Roger (1958): The groundwork of English intonation. London: Longmans.
Kohler, Klaus J. (1991): "Terminal intonation patterns in single-accent utterances of German: phonetics, phonology and semantics". In: Klaus J. Kohler (Ed.), Studies in German Intonation. AIPUK 25, 117–185.
Kohler, Klaus J. (1991a): "A model of German intonation". In: Klaus J. Kohler (Ed.), Studies in German Intonation. AIPUK 25, 295–360.
Kohler, Klaus J. (1995): Einführung in die Phonetik des Deutschen. Berlin: E. Schmidt Verlag. [2. neubearb. Aufl.]
Kohler, Klaus J. (2003): "Neglected categories in the modelling of prosody. Pitch timing and non-pitch accents". Proc. of the 15th International Congress of Phonetic Sciences, Barcelona, 3-9 Aug. 2003, Vol. 3, 2925–2928.

Kohler, Klaus J. (2006): "Paradigms in experimental prosodic analysis: From measurement to function". In S. Sudhoff et al. (eds.), Methods in empirical prosody research. Berlin, New York: de Gruyter, 123–152.

Krifka, Manfred (2008): Basic notions of information structure. Acta Linguistica Hungarica 55, 243–276.

Kügler, Frank (2007): The intonational phonology of Swabian and Upper Saxon. Tübingen: Niemeyer.

Ladd, D. Robert (1980): The structure of intonational meaning. Bloomington: Indiana University Press. [rev. PhD thesis Cornell University 1978]

Ladd, D. Robert (1983): "Phonological features of intonational peaks". Language 59, 721–759.

Ladd, D. Robert (2008): Intonational Phonology. Cambridge: CUP. (2nd rev. ed.)

Laver, John (1994): Principles of phonetics. Cambridge: CUP.

Leben, William R. (1973): Suprasegmental phonology. PHD thesis, MIT. Published 1980 by Garland Press, New York.

Liberman, Mark (1975): The intonational system of English. PhD thesis, MIT, published 1979 by Garland Press, New York.

Lieb, Hans-Heinrich (1980): „Intonation als Mittel verbaler Kommunikation". Linguistische Berichte 68, 34–48.

Lieb, Hans-Heinrich (1999): „Was ist Wortakzent? Eine Untersuchung am Beispiel des Deutschen". In: W. Schindler & J. Untermann (Hg.): Grippe, Kamm und Eulenspiegel: Festschrift für Elmar Seebold zum 65. Geburtstag. Berlin, New York: de Gruyter, 225–261.

Mayer, Jörg (2017): Phonetische Analysen mit Praat – Ein Handbuch für Ein- und Umsteiger. http://praatpfanne.lingphon.net/das-praat-handbuch

Meibauer, Jörg (2008): Pragmatik. Eine Einführung. Tübingen: Stauffenburg. (2. Aufl.)

Mixdorff, Hansjörg (1998): Intonation Patterns of German – Model-based Quantitative Analysis and Synthesis of F0-Contours. Diss. TU Dresden.

Möbius, Bernd (1993): Ein quantitatives Modell der deutschen Intonation – Analyse und Synthese von Grundfrequenzverläufen. Tübingen: Niemeyer.

Musan, Renate (2010): Informationsstruktur. Heidelberg: Universitätsverlag Winter.

Nespor, Marina & Vogel, Irene (2008): Prosodic phonology. Dordrecht: Foris. (2nd rev. ed.)

Niebuhr, Oliver (2007): Perzeption und kognitive Verarbeitung der Sprechmelodie. Berlin, New York: de Gruyter.

Niebuhr, Oliver (2008): "Coding of intonational meanings beyond F0: Evidence from utterance-final /t/ aspiration in German". JASA 124, 1252–1263.

Niebuhr, Oliver (2010): "On the phonetics of intensifying emphasis in German". Phonetica, 67, 170–198.

O'Connor, J. D. & Arnold, F. D. (1973): Intonation of colloquial English. London: Longman [2nd rev. ed.)]

Palmer, Harold E. (1922): English intonation with systematic exercises. Cambridge: Heffer.

Peters, Jörg (2006): Intonation deutscher Regionalsprachen. Berlin, New York: de Gruyter.

Peters, Jörg (2016): „Intonation". In: Duden – Die Grammatik, Kap. 2. Mannheim: Bibliographisches Institut Mannheim, S. 95–128. [9. neu bearb. Aufl.]
Peters, Jörg (2018). "Phonological and semantic aspects of German intonation". Linguistik Online 88, 85–107.
Peters, Jörg; Auer, Peter; Gilles, Peter; Selting, Margret (2015): Untersuchungen zur Struktur und Funktion regionalspezifischer Intonationsverläufe im Deutschen Rückblick auf ein Forschungsprojekt. In: R. Kehrein, A. Lameli & S. Rabanus (Hg.): Regionale Variation des Deutschen. Projekte und Perspektiven. Berlin: De Gruyter cMouton, 53–80.
Peters, Jörg; Hanssen, Judith; Gussenhoven, Carlos (2015): The timing of nuclear falls. Evidence from Dutch, West Frisian, Dutch Low Saxon, German Low Saxon, and High German. In: Laboratory Phonology 6, 1–52.
Pheby, John (1981): „Phonologie: Intonation". In: K. E. Heidolph u.a., Grundzüge einer deutschen Grammatik. Berlin: Akademie-Verlag, 839–897.
Pierrehumbert, Janet B. (1980): The phonology and phonetics of English intonation. PhD thesis, MIT, published 1980 by Indiana University Linguistics Club, Bloomington, Indiana.
Pierrehumbert, Janet B. & Beckman, Mary E. (1988): Japanese tone structure. Cambridge, Mass.: MIT Press.
Pierrehumbert, Janet B. & Hirschberg, Julia (1990): "The meaning of intonational contours in the interpretation of discourse". In P. Cohen, J. Morgan & M. Pollack (eds.), Intentions in communication. Cambridge, MA: MIT Press, 271–311.
Pike, Kenneth L. (1945): Intonation of American English. Ann Arbor: University of Michigan Press.
Pompino-Marschall, Bernd (2009): Einführung in die Phonetik. Berlin, New York: de Gruyter. (3. Aufl.)
Primus, Beatrice (2010): „Strukturelle Grundlagen des deutschen Schriftsystems". In: U. Bredel, A. Müller & G. Hinney (Hg.): Schriftsystem und Schrifterwerb linguistisch – didaktisch – empirisch. Berlin, New York: de Gruyter, 9–45.
Reetz, Henning (2003): Artikulatorische und akustische Phonetik. Trier: Wissenschaftlicher Verlag Trier.
Schegloff, E. A., and Sacks, H. & Jefferson, G. (1977): "The preference for self-correction in the organization of repair in conversation". Language 53, 361–82.
Schmidt, Jürgen E. (1986): Die mittelfränkischen Tonakzente (Rheinische Akzentuierung). Stuttgart: Steiner.
Selkirk, Elizabeth (1984): Phonology and syntax. Cambridge, Mass: MIT Press.
Selkirk, Elizabeth (2005): "Comments on intonational phrasing in English". In S. Frota, M. Vigário & M. J. Freitas (eds.), Prosodies. With special reference to Iberian languages. Berlin, New York: de Gruyter.
Selting, Marget (1995): Prosodie im Gespräch. Aspekte einer interaktionalen Phonologie der Konversation. Tübingen: Niemeyer.
Selting, Marget (2005). "Syntax and prosody as methods for the construction and identification of turn-constructional units in conversation". In: A. Hakulinen & M. Selting (eds.), Syntax and lexis in conversation: Studies on the use of linguistic resources in talk-in-interaction. Amsterdam: Benjamins, 17–44.

Selting, Margret et al. (2009): „Gesprächsanalytisches Transkriptionssystem 2 (GAT 2)". Gesprächsforschung 10, 353–402

Sievers, Eduard (1901/1912): „Über Sprachmelodisches in der deutschen Dichtung". In: E. Sievers (1912), Rhythmisch-melodische Studien. Heidelberg: Universitätsverlag Winter, 56–77.

Silverman, Kim E. & Pierrehumbert, Janet B. (1990): "The timing of prenuclear high accents in English". In J. Kingston & M. E. Beckman (eds.), Papers in Laboratory Phonology I. Cambridge: CUP, 71–106.

Stock, Eberhard (1996): Deutsche Intonation. Leipzig u. a.: Langenscheidt Verlag Enzyklopädie.

't Hart, Johan, Collier, René & Cohen, Antonie (1990): A perceptual study of intonation: An experimental-phonetic approach to speech melody. Cambridge: CUP.

Terhardt, Ernst (1998): Akustische Kommunikation. Berlin u. a.: Springer.

Trager, George L. & Smith, H. L. (1951): An outline of English structure. Norman, OK: Battenburg Press.

Trubetzkoy, Nikolai S. (1939): Grundzüge der Phonologie. Prag. [7. Aufl. 1989, Vandenhoeck & Ruprecht: Göttingen]

Truckenbrodt, Hubert. 2013. „Satztyp, Prosodie und Intonation". In J. Meibauer, M. Steinbach & H. Altmann (Hg.), *Satztypen des Deutschen*. Berlin, New York: de Gruyter, 570–601.

Truckenbrodt, Hubert (2017): „Die Analyse der Satzprosodie des Deutschen: Ein Forschungsüberblick". Linguistische Berichte 249, 3–48.

Uhmann, Susanne (1991): Fokusphonologie. Eine Analyse deutscher Intonationskonturen im Rahmen der nicht-linearen Phonologie. Tübingen: Niemeyer.

Wells, John C. (2006): English intonation. An introduction. Cambridge: CUP.

Wichmann, Anne (2000): Intonation in text and discourse: Beginnings, middles, and ends. Harlow: Longman.

Yip, Moira (2002): Tone. Cambridge: CUP.

Glossar

Akustische Begriffe

Grundfrequenz (f_0): Frequenz, mit der sich die Stimmlippen bei der Produktion stimmlicher Äußerungen öffnen und schließen. Wichtigstes akustisches Korrelat der Tonhöhe.

Grundton: Teilton des Spektrums, dessen Frequenz der Grundfrequenz entspricht.

Oberton: Teilton des Spektrums, dessen Frequenz in harmonischen Klängen ein Vielfaches der Grundfrequenz ist.

Phonologische Begriffe

Akzentton: Ton, der an das Auftreten von Akzentsilben gebunden ist und in der Regel zeitgleich mit dieser Akzentsilbe auftritt. Er wird durch einen Stern gekennzeichnet (H*, L*) und deshalb auch als gesternter Ton (*starred tone*) bezeichnet.

Assoziation, tonale: Verankerung von Akzenttönen an Akzentsilben. In anderen Sprachen können auch andere Einheiten als Silben tontragende Einheiten bilden, wie etwa die More im Japanischen.

Begleitton: Ton, der nur zusammen mit einem Akzentton auftritt, aber nicht notwendig auf oder nahe der zugehörigen Akzentsilbe. Je nachdem, ob ein Begleitton einem Akzentton vorangeht oder folgt, handelt es sich um einen Leitton (*leading tone*) oder um einen Folgeton (*trailing tone*). Akzenttöne bilden zusammen mit ihren Begleittönen Tonhöhenakzente.

Deklination: Abwärtstrend innerhalb einer Intonationsphrase, der auf ein Absinken und eine zunehmende Verengung des genutzten Tonhöhenbereichs im Verlauf einer Intonationsphrase zurückgeht.

Downstep: Herabstufung eines Tonhöhenakzents (akzentueller *Downstep*) oder einer Intonationsphrase (phrasaler *Downstep*). Die betreffende Silbe oder Phrase wird tiefer und mit geringerem Tonhöhenumfang realisiert.

Grenzton: Ton, der an das Auftreten prosodischer Phrasen wie der Intonationsphrase gebunden ist. Die initialen Grenztöne %H und %L treten am vorderen Rand einer Intonationsphrase auf, die finalen Grenztöne H% und L% am hinteren Rand.

Intonation: Melodische Gestaltung einer sprachlichen Äußerung.

Intonationskontur: Klasse individueller Tonhöhenverläufe, die in einer gegebenen Sprache die gleichen sprachlichen Funktionen erfüllen.

Intonationsphrase (IP): Abschnitt einer Äußerung, in dem eine vollständige Intonationskontur realisiert wird.

Ton: Kleinste distinktive Einheit von Tonhöhenverläufen. In der Autosegmental-Metrischen Phonologie wird ein Tonhöhenverlauf auf eine Sequenz von phonetischen Zielpunkten, die durch phonologische Töne spezifiziert werden, und von Übergängen zwischen diesen Zielpunkten zurückgeführt.

Tonausbreitung (*tonal spreading*): Ein Ton spezifiziert mehr als einen phonetischen Zielpunkt.

Tonhöhenakzent (*pitch accent*): Umfasst einen Akzentton, der mit einem oder mehreren Begleittönen auftreten kann.

Sachregister

Akzent
  Akzentzuweisung 5
  bitonaler Akzent 29
  emphatischer Akzent 7
  fallender Akzent (H*L) 45
  Fokusakzent 7
  Hochakzent (H*) 45
  monotonaler Akzent 29
  nuklearer Akzent 30
  phonologischer Akzent 6
  Phrasenakzent 29
  pränuklearer Akzent 30
  Satzakzent 6
  steigender Akzent (L*H) 45
  syntaktischer Akzent 6
  Tiefakzent (L*) 45
  Tonakzent 3, 89
  Tonhöhenakzent 6, 29
  tritonaler Akzent 30
  Wortakzent 5
Akzentsilbe, nukleare 30
Ansatzrohr 11
Artikulation 12
Assoziation, tonale 41
Ausrichtung 41
  phonetische 41
  phonologische 41
Äußerungsphrase (UP) 29, 76
Autonome IP 75
Autosegment 28
Autosegmental-Metrische Phonologie 25, 28
Dachlinie 38
Deklination 39
Downstep 31, 39, 47
  akzentueller 39
  automatischer 39
  fakultativer 39
  partieller 39
  phrasaler 40
  totaler 39
Downtrend 39
Final Lowering 40
Fokus, weiter vs. enger 7
Fokusakzentsilbe 7
Fokus-Hintergrund-Gliederung 7

Früher Gipfel 48
Geräusch 13
Grundfrequenz 12, 14
Grundfrequenz, intrinsische 44
Grundlinie 38
Head 19
Hutkontur *Siehe* Kontur
intermediäre Phrase (ip) 29, 73
Intonation 1, 4, 5
  phonotaktische Variation 88
  realisatorische Variation 88
  semantische Variation 88
  systemische Variation 88
Intonationsgrammatik 8
Intonationskontur 2
Intonationsphrase (IP) 5, 28, 73
Intonationssprache 3
intonatorische Bedeutung 52, 53, 54
Jitter 44
Klang 13
  harmonischer 13
Klitische IP 75
Knall 13
Kompression 42
Kontur
  Fallende Kontur (H*LL%) 2, 46
  Fallend-Gleichbleibende Kontur (H*L0%) 46
  Fallend-Steigende Kontur (H*LH%) 2, 46
  Hoch-Gleichbleibende Kontur (H* 0%) 46
  Hoch-Steigende Kontur (H* H%) 46
  Hutkontur 50
  Konturwahl 5
  nukleare Kontur 19, 30
  Plateaukontur 47, 62
  pränukleare Kontur 30
  Rufkontur 48
  Steigend-Gleichbleibende Kontur (L*H0%) 46
  Tief-Steigende Kontur (L* H%) 46
  Zweifach Steigende Kontur (L*HH%) 46
laryngal 11

mikroprosodische Variation 44
Nucleus 19
Phonation 12
phonetischer Zielpunkt 25
Phonologische Äquivalenz 89, 90
Phonologische Äußerung *Siehe*
   Äußerungsphrase
Phonologischer Gehalt 89, 90
Phrasierung 4
Pitch Reset 40
Pre-Head 19
Prosodie 4
prosodischer Paragraph (PPa) 29, 79
Quelle-Filter-Modell 11
Rauschen 13
Register
   stimmliches 37
   tonales 38
Rohschall 11
Rufkontur *Siehe* Kontur
Satzakzent *Siehe* Akzent
Shimmer 44
Später Gipfel 48
Stimmumfang, anatomisch-
   physiologischer 37
sublaryngal 11
Supra-Deklination 76, 79
supralaryngal 11
suprasegmental 4
Tail 19
Ton
   akustischer Ton 13

Akzentton 29
Begleitton 29
Folgeton 29
Grenzton 29
Grundton 14
Hochton 29
intonatorischer Ton 3
Leitton 29
lexikalischer Ton 3
Oberton 14
Partialton 13
Phrasenton 29
Teilton 13
Tiefton 29
Tonakzentsprache 3
tonale Assimilation 43
tonale Dissimilation 43
tonaler Bezugsbereich 38
Tonausbreitung 30
Tonausbreitungsregel 47
Tone Group 23
Tonhöhe, intrinsische 44
Tonhöheneigenschaft
   sprachliche vs. parasprachliche 53
Tonhöhenumfang 38
Tonsequenzmodell 25
Tonsprache 3
Trunkierung 42
Tune 19
Upstep 31, 40
Upstep-Regel 47
Word Groups 19